玩转副业

多一份收入过更好的生活

王光伟◎编著

中国宇航出版社
·北京·

图书在版编目（CIP）数据

玩转副业 ：多一份收入过更好的生活 / 王光伟编著
. -- 北京 ：中国宇航出版社，2023.6
ISBN 978-7-5159-2229-4

Ⅰ. ①玩… Ⅱ. ①王… Ⅲ. ①职业－介绍 Ⅳ. ①C913.2

中国国家版本馆CIP数据核字(2023)第075438号

策划编辑　田芳卿　　封面设计　王晓武
责任编辑　谭　颖　　责任校对　吴媛媛

出版发行　中国宇航出版社
社　址　北京市阜成路 8 号　　邮　编　100830
（010）68768548
网　址　www.caphbook.com
经　销　新华书店
发行部　（010）68767386　　（010）68371900
（010）68767382　　（010）88100613（传真）
零售店　读者服务部
（010）68371105
承　印　三河市君旺印务有限公司
版　次　2023 年 6 月第 1 版　　2023 年 6 月第 1 次印刷
规　格　710×1000　　开　本　1/16
印　张　15　　字　数　186 千字
书　号　ISBN 978-7-5159-2229-4
定　价　59.00 元

PREFACE 序

长期以来，大多数人对于职业与工作的理解似乎还是停留在稳定、持续的收入方面。很多人认为人必须依赖于工作，一旦离开，则意味着没有了稳定的收入来源。正因如此，很多人即使做着不喜欢的工作或者收入不高的工作，也不愿放弃工作。

这并不是问题，毕竟寻求稳定是人之常情。每个人可能都有自己肩负的责任和负担。但真正的问题是，很多人将自己的思维限定在了固定工作上，没有寻找或探寻更多的工作可能。

在副业思维中，一切都可以变现。拥有副业思维，也就拥有更多的选择机会，打通更多增收的路径。

其实，对于很多人来说，不是没有从事副业的想法，而是不知道自己能从事什么样的副业，或者自己适合从事什么样的副业。毕竟很多需要开展副业的人，本身都可能会受制于各种环境或条件的影响，比如家庭需要照顾、全职工作的时间长等。本书从拓宽读者视野的角度出发，介绍了目前社会上比较流行的兼职与副业形式，同时对各个项目进行全方位的诊断与评估，列明了各个项目取得成功的关键因素，提出了具体的适用对象、所需资源等条件，并且给出了具体的操作路线或步骤。总之，本书的目的就是希望读者能够找到适合自己的项目，成功地运营下去，并取得不错的收益。

当然，一个人要想通过副业项目取得不错的收益，甚至超过主业的收入，光有想法和操作路线是远远不够的。每个人成功的路上，必然少不了辛勤的汗水、不断学习、总结与提升。从这点上来说，本书所发挥的作用可能也是远远不够的，但笔者仍希望读者朋友能够通过对本书的阅读，使思维得到拓展，不再拘泥于已有的成见。眼下，科技发展日新月异，新行业、新机会不断涌现。只要你有一双善于发现的眼睛，就一定能找到一条适合自己的副业之路。

CONTENTS 目录

第三章　知识经济时代，内容创业正当时

第四章　新兴业态，酝酿新的机遇

第五章　新时代，新销售

第六章　任务赚钱模式：拍客与威客

第十章　大学生兼职：学习与挣钱两不误

第十一章　聚沙成塔，小钱也是钱

第一章

人人都要有点儿“副业思维”

提到副业，若大家还将其与不务正业、赚不了几个钱联系在一起，就明显有些落伍了。时至今日，副业不再仅仅是主业收入的一个补充，更可看成是一种思维方式。拥有副业思维，将不再被动地依附于朝九晚五的生活，而是拥有多元化的收入来源，如图1-1所示。实质上，拥有副业思维的人，往往更容易走向成功，走向财富自由。

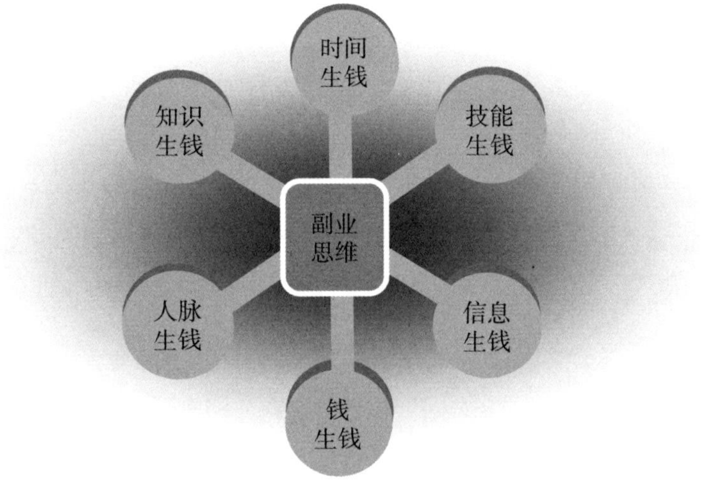

图1-1　副业思维示意图

一、从“江浙经济”到“副业思维”

江浙一带被称为中国民营经济最发达、最活跃的地区。从最近几年的县域经济排名中也能够看出一些端倪，2020年和2021年，全国国内生产总值十强县排名中，江苏与浙江占了七个。强大经济地位排名的背后，就是活跃的民营经济。关于江浙一带的经济活跃情况，笔者深有体会。

大约二十年前，本人有幸在浙江工作了一段时间。那是一家组装太阳能电池板的企业，尽管企业规模不算大，麻雀虽小，但五脏俱全。这家企业的部门配置十分健全，后勤系统的前台接待和专职司机都有。当时，这家企业的工资水平并不高，前台接待和司机人员的工资也不高。

最让笔者感兴趣的，并不是企业工资水平的高低，而是企业内很多浙江本地员工都有兼职。也就是说，他们不只在这家公司做全职工作，很多人还有一个或多个副业。公司前台接待人员，与人合开了一家服装店，周末的时候，她还会到杭州“批货”；企业中的一个司机还兼职做“保健品直销”，他居然将公司老板都发展成了自己的客户。如此情况，在浙江本地员工的身上比比皆是。尽管他们的副业收入其实已经超过了主业，但他们还是不会离职，原因也非常简单：“双份工资，何乐而不为呢！”

尽管从这家企业离职已有多年，但这段经历仍让我久久不能忘怀。后来回到北方，很少再看到有那么多的员工做副业的情况了。

对于很多人来说，也许会有这样或那样的困难，因而限制了自己开拓副业的想法和动力，但这其实并不是最根本的原因。从本质上来说，那么多人没有动过做副业的想法，还是因为缺少一种副业思维。

正常情况下，副业思维就是一种永不满足的追求成功的思维，是一种不再追求安稳，敢于尝试风险与挑战，追求自我价值最大化的思维。特别是在“全职”主业中找不到自身价值时，便可以利用副业来实现。

在一些非常时期，比如疫情肆虐的时期或经济不景气的时期，副业思维更是一种保障思维，让自己及家庭可以获得更多的保障，任凭外界风吹雨打，我自闲庭信步。因为拥有副业，就是有了“双份工资、双份保障”。

二、主业养家，副业富家

每个人一天的时间都是24个小时，每个人每天上班（做主业）的时间也都相差不多，但最终人与人之间的收入差距还是被无情地拉开了。人与人之间在能力上、知识上虽然存在差距，但真正影响人与人之间收入的，还是思维的不同。

老马和老张同在一家生产型企业任职，两人都属于管理岗位，又都属于部门主管层级，只是不在同一个部门。整体上两人收入差别不大，老马还要略高于老张。

老马性格比较沉稳，不喜欢冒险，平时喜欢钓钓鱼、刷刷短视频什么的。老张则不然，老张更喜欢折腾，喜欢新鲜事物。在短视频开始爆火时，老张就开通了一个直播号，工作之余经常搞点儿直播什么的，甚至与老马一起钓鱼，他都直播给粉丝看，老马为此还说他“不务正业”。

经过老张的持续经营，他的直播号粉丝量逐渐增加，粉丝给出的礼物和直播平台的奖金都快接近自己的工资了。

这就相当于老张拥有了双份工资，长期下来，老张与老马的家庭收入就拉开了距离。老马虽然靠自己的工资养家不成问题，但日子总归过得没有老张红火。

其实，这就是典型的“主业养家，副业富家”的案例。在现实生活中，很多人都难以彻底抛弃自己的“主业”，离职去尝试一些新的工作，尽管对这些工作可能更有兴趣，但所有人不可避免地会遇到生活上的压力与各种各样的问题。作为成年人，每个人都有养家的义务，不能抛弃这种义务去片面地追求自己的爱好或兴趣。但是，这并不意味着我们不能做出一些新的尝试，不放弃主业，同时以副业来增加整个家庭的收入，也不失为一种较佳的选择。

通常来说，主业就是一种保障，尤其是很多拥有齐全社会保障类的工作。有了主业做基础，养家就不用愁了，从事副业就有了依靠，开展副业就可以进行一些相对冒险或者完全靠兴趣的工作。这些副业做好了，可以实现“富家”的目标。因为主业能够满足“养家”的目标，即使副业失败也没有什么大不了，还可以从头再来。

三、从“兴趣爱好”到“终生事业”

很多人常常发出这样的感慨：自己的兴趣被工作耽误了。从本质上说，这也是一种缺少副业思维的表现。兴趣爱好之所以成为很多人心中眷恋的“热土”，是因为能够在工作中体验到乐趣。然而，当从事这些兴趣爱好时，将“养家”的重担背在身上，那么从事这些事情还能有多大的兴趣呢？若是拥有一定的副业思维，则可以完美地解决这一问题。

小严是一家企业的行政文员。企业规模不大，分工也不明确，她这个文员除了要负责本职工作中的接待、外联等诸多事项，还要负责一大堆后勤事务，包括联系保洁、厂区保安等。每天上班时间忙得焦头烂额。不过，在这家企业工作有一个好处，无论工作时间事情有多少，只要下班时间一到，工作也就终止了，也不会让员工加班加点。

这是小严喜欢在这家企业工作的原因。另外，自己住的地方距离企业不远，每天走路上班十几分钟就到了，这样，小严每天就有大量可以自行支配的时间。小严对美食特别感兴趣，喜欢写一些东西分享自己的感受，于是，她利用业余时间开通了一个微信公众号。当然，这个微信公众号都是关于各地美食，包括美食做法以及经典美食店铺的内容。

她有自己的全职工作，虽然待遇不算高，但养活自己肯定是没有问题的。她开办的公众号纯粹属于兴趣爱好，因此更重视自己发布的内容。没有高质量的美食内容不发，没有特别让她感兴趣的内容也不发，宁缺毋滥。因此，她的粉丝圈也迅速扩大，而且很多还都是“铁杆粉丝”，取消关注率很低。

后来，甚至有一些餐饮机构主动联系她，让她在公众号上帮助推荐其产品。当然，她仍然保持了自己的一贯风格，没有让她心动的美食坚决不发。慢慢地，这个公众号给她带来的收益已经高于自己的工资了。但她还是不愿意辞职，用她自己的话来说，她想把美食公众号做成一个终生投入的事业，若背后有太大的经济利益驱动，很可能没办法维持初衷，而且她也不想给自己太大的压力。

很多人都有这样的经历。本来辞职就是想从事一些自己感兴趣的工作，可是真正入职后才发现，原来自己感兴趣的工作持续一段时间后，慢慢地已经不能让自己再提起兴趣了。其实，这就是全职与兼职的区别。

若辞职开启新的工作，则可能会面临较大的经济压力，这种压力也会让人无法体验到从事这些工作的乐趣。也就是说，本来是因为喜欢而从事某项工作，但若全职投入，就会让这件工作担负一定的经济压力，这很容易让人迷失。比如上述案例中的小严，若其见到自己的公众号收益超过本职工作，就辞职专做公众号，那么，她将不得不为了赚钱而确保自己的产出，这就很难再保证自己稿件的质量了。同时，迫于生活的压力，也可能让自己马不停蹄地寻找新的美食，这也会让自己对美食的兴趣逐渐消散。兼职就不会有这个问题，毕竟主业已经给了自己生活上的保障，兼职收入只是锦上添花而已。

四、三大核心圈，决定副业走多远

无论选择何种副业形式，最终能够发展到何种程度，自己在副业这个领域能走多远，还是要看三大核心圈。如图1-2所示。

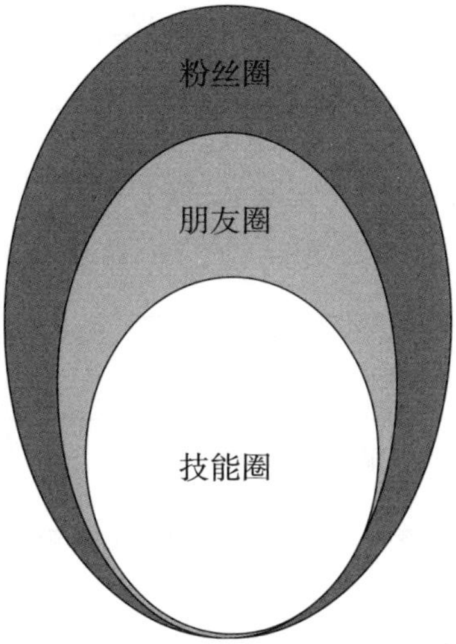

图1-2 副业三大核心圈

核心圈一：技能圈

无论从事主业还是副业，知识与技能都是基础。你拥有何种技能，掌握技能的程度和水平，直接决定了未来可能从事副业的方向。

以自己所掌握的技能为核心寻找副业项目，是顺利开展副业项目最重要的一种途径。比如，熟练掌握IT（从事计算机、互联网等领域）技能的人员，再将类似的工作作为副业，自己从网上接一些建站类、程序开发类的任务相对就会容易得多，也更容易获得成功；喜欢写作的人，入驻头条或者写写公众号，都会相对比较容易；很多演讲能力强的人，经常会在企业内部充当主持人，若将婚礼主持、司仪作为自己的副业，肯定更容易做出成绩。

总之，做自己最容易做的、最容易做好的事情，成功的概率会更大。

核心圈二：朋友圈

这里的朋友圈特指那些真正在关键时刻能够助力的朋友。至于有多少朋友能够为自己的副业助力，还要看平时的经营与积累。

通常来说，朋友圈中以下几类资源需要特别关注，如图1-3所示。

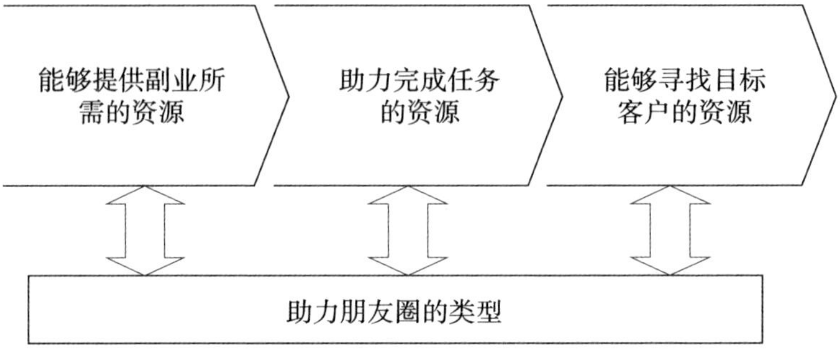

图1-3 朋友圈的三类资源

第一类：能够提供副业所需的资源。从产业链角度来看，这是能够帮你解决供应（入口）问题的资源。这类资源也许能够帮助你将从事副业的成本降低，这就会让你在副业中获得比别人更好的竞争位置。比如，做一些销售类副业时，能够帮助你低价批进产品。

第二类：能够帮你将任务或产品做得更好的资源。这是提升副业竞争力的一个关键。比如，你想进入自媒体行业，那么，能够帮你处理一些视频剪辑、网络问题的资源显然会大有好处。

第三类：能够帮你寻找目标客户的资源。这是能够帮你变现的资源，也是最为重要的一种资源。

核心圈三：粉丝圈

对于想要从事自媒体类工作的人来说，粉丝圈就是最核心的财富圈。没有粉丝圈，自己也就没有了收入。可以这样说，粉丝量的多少，直接决定了自己的收入。

五、三维定位：你需要副业吗？

尽管人人都需要有点儿副业思维，但从实际情况来看，并不是每个人都需要做一份副业。特别是个人所处的位置不同，实际情况不同，对副业的需求自然也不尽相同。

一般来说，可以从以下三个维度分析是否需要开展副业项目，如图1-4所示。

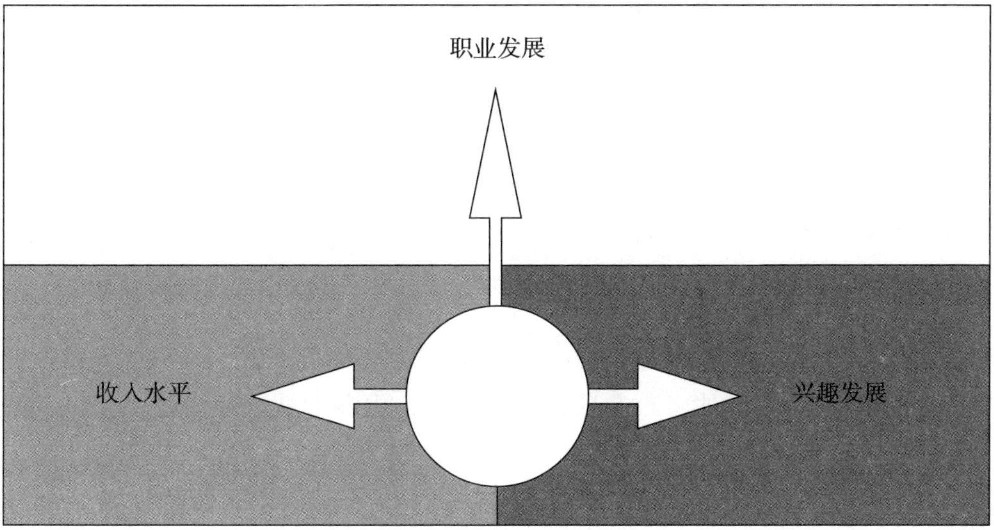

图1-4　开展副业的三个维度

维度一：职业发展

副业，不可避免地会对主业产生一定的冲击。这种冲击有的比较大，有的可能比较小。比如，利用下班时间跑“网约车”，其对本质工作的冲击就比较小。反之，一些需要花费时间思考的工作，可能会对主业产生较大的冲击。因此，主业本身的发展状况，就是决定是否发展副业的一大主要因素。

下面几种情形需要特别注意。

第一，主业发展进入快车道。领导着重培养，职场晋级在望，而且一旦晋级成功，收入可能迎来较大的增长。此时，绝对不是开启副业的较佳时机，而应该将所有精力聚焦于主业。主业要是能够上一个新台阶，要比开展副业更加重要。

第二，主业发展进入瓶颈期。短期升职、加薪无望时，往往是启动副业的最佳时机。

第三，主业的职业发展通道与自己的愿望相悖，或者自己本就想跳出原有的职业发展通道，此时可以尝试用副业打破现有的局面。待副业发展成熟，就可以直接切换职业发展通道了。

维度二：收入水平

当年的收入水平以及家庭资产水平，也是决定是否开展副业项目的一个重要因素。同时，收入水平的高低，也会影响未来开展副业追求的目标。

当前个人及家庭收入水平。个人及家庭收入水平较高，就没有了做副业的最大驱动力。即使从事副业项目，可能也会更多地从兴趣爱好出发，以追求自己的梦想为主。若收入水平较低，甚至无法满足当前的日常开支，则意味着必须要通过副业项目增加收入，努力开源。

维度三：兴趣发展

个人的价值有没有得到较大的发挥。当前的工作和生活，能否将个人的特长、兴趣发挥出来？自身的兴趣、爱好是否有可能为自己和家庭带来不错的收益？

第一，通过副业能否将个人兴趣、爱好与职业发展或家庭收入相连接。

第二，自己是否还有待开发的兴趣、爱好，而且可能发展成自己一生的事业。

第二章

认识自我，开启副业之路

孙子曰：知己知彼，百战不殆。虽然我们不是在作战，但无论做什么工作或任务，还是应该尽量从认识自我（知己）、认识外部环境（知彼）开始。

一、梳理资源

自身能够掌控或拥有的资源，是从事副业项目的基础。在所有的资源中，以下几方面最为关键，如图2-1所示。

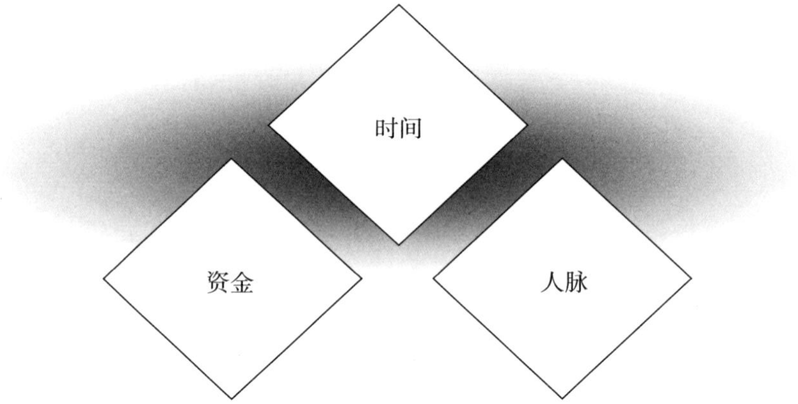

图2-1　三项核心资源

核心资源一：时间

事实上，无论从事何种副业或兼职，都是需要时间的。不过，职业不同，所需的时间长短还是有一定差异的。同时，对时间分布的密度要求也有所不同。比如，一些跑腿业务，肯定需要大块的时间，这就只能在周末或节假日时展开；一些网络兼职则可以利用平时的下班时间，甚至上下班通勤时间完成。

另外，家庭生活所需的时间也是要考虑的内容。若单身人士开展各类兼职，就会比较容易，毕竟没有家庭负担。已经成家或有孩子需要照顾的人，再想从事兼职，就需要考虑利用照顾家庭的间隙时间能够完成的工作或任务了。也就是说，只有一些能够自由安排时间的任务，才符合这类人群的需求。

核心资源二：资金

不同兼职项目所需的资金不同，大部分兼职项目其实并不需要投入太多的资金。不过，资金方面的问题，仍是副业项目启动前需要优先考虑的问题。

其一，副业有无承担生活支出的功能。

很多人选择开启副业之路，还是有补贴家庭生活支出的需求。在此情况下，其所选的副业项目就必须优先考虑在短期内能够获得收入的项目。反之，若副业没有承担生活支出的功能，则可以优先考虑发展自己的兴趣、爱好等。

其二，项目本身是否需要资金支持。

尽管大部分副业不需要投入太多的资金，但还是有一些项目需要投入较大资金的。投入这些项目前，就需要综合考虑个人的资金实力、未来收入情况以及副业成功的概率等问题。

核心资源三：人脉

人脉资源也是选择副业项目前需要重点关注的一项资源。在自己人脉资源丰富的领域开展项目，成功的概率更高。

关于人脉资源，主要涵盖两个方面。

其一，个人的私下交际圈，包括同学、朋友、同事，甚至有工作和业务往来的客户等。总之，能够联系上的，能搭上话的，都可以算作自己的人脉网络。当然，从这个人际网络中，还要筛选出能够在关键时刻帮助自己的核心圈，这个核心圈能够在哪个方向助力自己肯定要清楚。自己若要从事某方面的副业，这些核心圈是否能够提供助力也是要考虑的因素。

其二，线上的粉丝圈。这是从事自媒体或相关行业工作能够获得收入的基础。当然，这个粉丝圈是逐渐扩展获得的，并不是从事副业前就有的。对于想要从事自媒体类行业副业的人来说，这是一个重点的经营方向。

二、明确核心优势

明确自身优势与劣势，是进行职业选择的前提，也是选择副业方向与领域的基础。其实，选择副业时，更应该进行自身优势与劣势的分析，毕竟主业选择还带有诸多的不可控因素，比如先前的专业选择、家庭需求等。副业方向的选择，则可以更多地从自身实际情况出发，最大限度地利用自身优势。因此，明确自身核心优势，是开创副业新天地的第一步。

知人者智，自知者明。可见“认识自己，识别自己的优势”不是一件简单的事。关于识别自身优势方面，可以借鉴一下态势分析法（又称SWOT分析法）这一工具。SWOT分析法，其中S（strengths）是指优势、W（weaknesses）是指劣势、O（opportunities）是指机会、T（threats）是指威胁。

SWOT分析法原本是企业战略方向分析的一种工具，即基于内外部竞争环境和竞争条件下的态势分析。该方法将与研究对象密切相关的各种主要内部优势、劣势和外部的机会和威胁等，通过调查列举出来，并依照矩阵形式排列，然后用系统分析的思想，把各种因素相互匹配起来加以分析，从中得出一系列结论，而结论通常带有一定的决策性。

SWOT分析法同样可以在开展副业前应用于个人的核心优势分析。如图2-2为某位想要从事短视频业务的人所做的SWOT分析。

S（优势）	W（劣势）
1. 口才尚可 2. 富有竞争意识 3. 知识储备充足 4. 做事认真负责	1. 性格偏内向 2. 办事拖拉，不果断 3. 组织协调能力不足
O（机会）	**T（威胁）**
1. 工作稳定 2. 经济压力较小 3. 自媒体高速发展 4. 喜欢新奇事物的人多	1. 自媒体竞争激烈 2. 突出重围困难较大 3. 视频剪辑技术掌握不足 4. 政府政策状况

图2-2　个人SWOT分析法（自媒体方向示例）

个人SWOT分析主要可以从以下四个维度进行。

维度一：S——优势

该维度主要分析自身从事某一副业项目所具有的优势，包括能力、性格、知识等个人拥有的全部资源。

比如你要从事自媒体行业，那么必要的知识储备、写作与编辑能力、喜欢新奇事物等，都会成为从事该项目的优势。当然，若想要从事其他副业项目，就需要从这些项目本身需要的能力与知识结构入手来研判自身具有的优势。

维度二：W——劣势

该维度重点分析方向为从事某一副业项目时，自身可能存在的短板，也可以从性格、能力和知识结构等方面进行分析。

比如想要从事自媒体行业，若对各类热点信息敏感度不够，捕捉不到热点，就很难让自己的文章成为爆款。

维度三：O——机会

该维度主要用于评估外部环境对自己从事副业的有利因素，包括行业发展的契机、个人拥有的外部资源等。

比如自媒体行业的大发展就是从事该行业最佳的外部环境，同时，国家也会在相关政策方面有所倾斜，鼓励该行业的发展，这都属于该行业发展的外部有利因素。

维度四：T——威胁

该维度主要用于评估从事该项目可能面临的外部挑战，包括竞争对手、行业发展方面等因素。

比如若想从事自媒体行业，则不可避免地会遇到众多同类对手的竞争，毕竟网络资源与流量也是有限的资源。

三、开启副业的五个维度

机会，存在于未被满足的需求，别人的需求也正是自己开启副业的机会。因此，探寻自身存在的与别人相比优势的项目，往往会非常容易找到开启副业的方向。一般来说，从以下几个维度比较容易找到副业的机会。如图2-3所示。

维度一：技能差

当你拥有某些别人所不具备的技能时，这种技能差就产生了。这些技能就是你可以赚钱的基础。

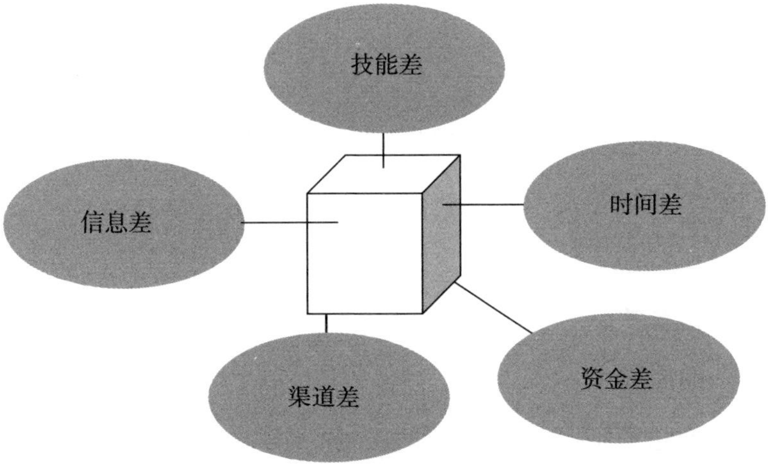

图2-3 开启副业的五个维度示意图

这是很多人开启副业的主要模式。比如，IT人士利用自己掌握的技能为其承接一些软件开发订单等，其利用的就是这种技能差；一些拥有维修技能的人，利用下班时间帮助社区居民维修各类管道、家庭物品等；拥有主持能力的人，利用节假日兼职做婚礼的司仪、主持等。也可以利用自己的技能，在互动问答社区帮助有需求的人。

维度二：信息差

所谓信息差，是指自己已经了解到但别人没有了解或暂时没有了解和掌握的信息。比如，一些企业为了发动周边力量招聘到合适的员工，就会为招聘岗位开具一个推荐人奖励标准。此时，若能将合适的人员推荐给这家公司，就能获得相应的奖励。

再如，很多企业的人力主管或者具有多次参与世界500强企业员工面试经验的人，就可以将一些大型企业的面试经验以培训课程或图书的形势传授给想要参加面试的人。

从本质上来说，这就是一种信息差。

维度三：时间差

所谓时间差，是指因不同的人对时间的需求和理解不同，因而产生的对于时间的需求。基于时间差产生的行业或岗位包括代人跑腿业务、陪人旅游、陪玩、游戏代练等业务。这些业务有一个共同特点，即需要用自己的时间来置换别人的时间。可能从事这些工作并不需要太多的技能或知识，但时间需求肯定是很多的。

维度四：渠道差

渠道差，就是利用自己拥有或掌握的别人所不具备的渠道来赚钱的一种方式。关于渠道可以这样理解，比如，市场上卖产品的人，都知道在哪里进货价格更低，这就是进货的渠道。相对而言，买东西的就未必知道或了解这些渠道。

通过自己掌握的渠道来开展副业，也是一种相对容易成功的路径。比如，一些有海外资源的人开展海外代购业务，利用的就是渠道差；课程分销、软文带货利用的其实也是一种渠道差。

维度五：资金差

资金差，即通过自身所有的现金投资或参股某一项目。当然，这种投资应该是小额投资，不占用较多家庭资产，即使出现投资亏损也不会影响家庭生活。

比如，投资某些店铺或购置某些店铺用于出租等；与朋友、同事合资经营某些生意等。当然，这类副业更多的属于项目投资性质，并没有列入本书的讨论范围。但是，大家仍然需要了解开启这种副业的模式。

四、开具副业行动清单

很多人并非一开始就很明确自己要从事哪些项目。其实，在开启自己的副业之旅前，可以先列出一份清单，将自己能够想到的项目一一列出，然后逐层筛选。

开具行动清单时，可以考虑按照以下步骤实施，如图2-4所示。

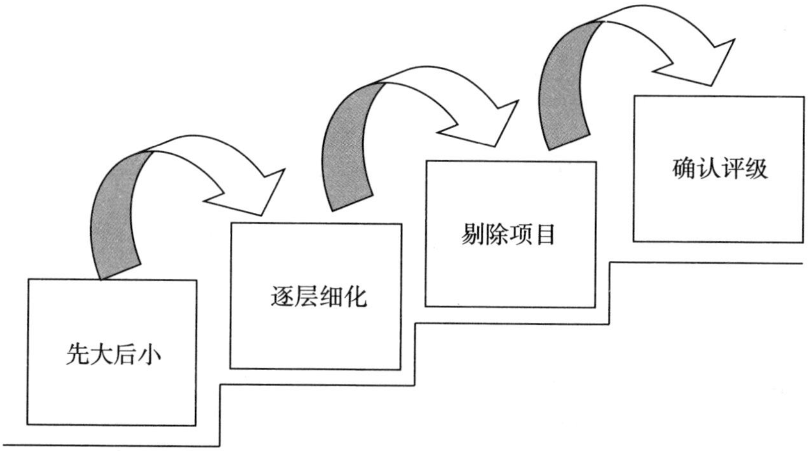

图2-4　开具行动清单步骤示意图

第一，先大后小。

即先确定大的方向，比如网络类、销售类、服务类（含各类陪护、陪伴业务等）、文字类或自媒体类、店铺类、行动类（含跑腿、外卖等）等。

第二，逐层细化。

确定大的方向后，再将大的方向细化为若干具体的工作。当然，所列的具体工作应该是自己有能力、有意愿去做的。当然，也可以先尽可能详细地列明各项工作。

第三，剔除项目。

这里主要是用排除法将自己肯定不会做的工作剔除掉。

第四，确认评级。

根据各项工作需要投入的时间、资金、人脉进行评估，并为各个项目的可行性划定评级。当然，还要考虑个人的兴趣、爱好以及该项目可能带来的收益等因素。比如，可以划分为S级（最佳）、A级（尚可）、B级（有不足）、C级（危险）、D级（不可行），如表2-1所示。

表 2-1　副业行动清单表

项目类别	细分项目	评估级别				
		S	A	B	C	D
网络类	搭建网站					
	设计小程序					
	网站培训					
自媒体类	网络直播					
	头条号					
	知乎 / 悟空问答					
	拍短视频					
	公众号					
带货 / 销售类	视频带货					
	软文带货					
	课程分销					
	海外代购					
其他	数据标注员					
	游戏代练					

注：偏重网络在线的副业行动清单示例。

五、五维评估副业的可行性

一般来说，通过副业行动清单筛选下来的项目，可以按照优先级对其进行进一步的可行性分析。

对副业项目的可行性分析，主要还是从以下五个维度进行，如图2-5所示。

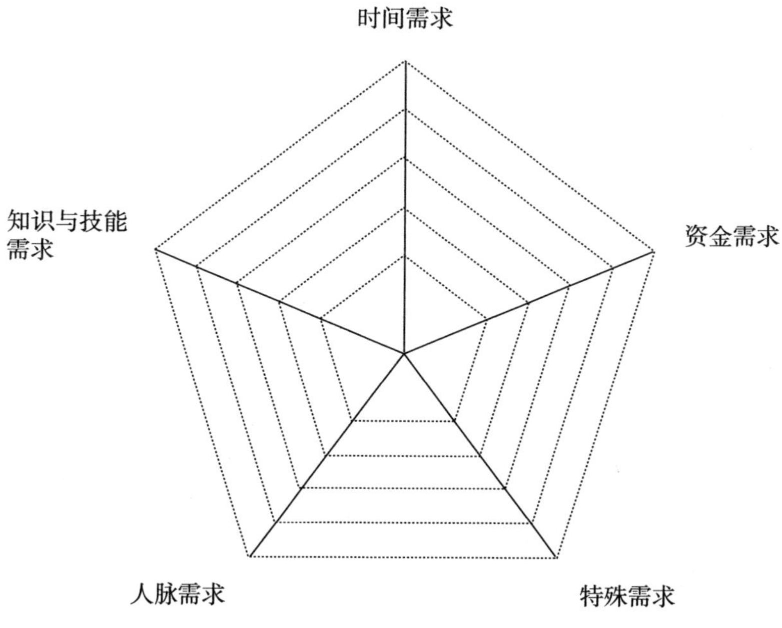

图2-5　五个维度评估副业项目

维度一：时间需求

因副业本身的特殊性，其属于个人必须在完成主业并满足家庭生活所需的时间外才能进行的项目，因此，关于时间需求的评估，是副业可行性最重要的评估维度。

其具体内容包括以下几项。

第一，该项目所需的时间以及时间结构。比如，副业必须全部利用大块空余时间完成，还是可以利用零散时间完成。

第二，自身能够拿出来从事副业的时间，是否能够满足该项目的需要。

第三，该项目的工作时间是否与主业、家庭生活相冲突，或者影响主业和家庭生活等。

维度二：资金需求

关于资金需求的评估包括这样几个项目。

第一，从事该项目所需的基本资金投入情况。

第二，个人能够投入到副业的资金情况。

第三，个人是否需要立即从副业项目中获得回报等。

总之，资金情况的评估既有项目本身的客观需求，也有个人资金情况以及从副业项目中获得收入的需求情况。

维度三：人脉需求

人脉需求维度的评估内容包括以下几项。

第一，从事该项目是否需要借助已有的人脉资源，或者通过现有人脉资源是否能够获得成功。

第二，依托粉丝的自媒体项目，有无快速增粉的方式与方法等。

第三，自身是否善于与人打交道，能否维护好人脉等。

维度四：知识与技能需求

该维度主要评估副业项目所需的知识、技能与自身具备的知识、技能的匹配程度。其具体评估项目包括以下几种。

第一，从事该副业项目应该具备的知识与技能情况。

第二，个人拥有的知识、技能是否符合基本需要。

第三，个人知识技能与副业的匹配程度，是否存在明显的短板或不足。

维度五：特殊需求

该维度主要评估从事该副业所需的特殊需求，当然，有些副业并没有这类特殊需求。其具体评估项目包括以下几点。

第一，完成该项目需具备的最为核心的技能，特别是很多其他项目不需要的技能。

第二，个人对该项技能的掌握情况是否足以支撑整个副业项目。比如，是否需要特殊技能，如从事声音副业所需的声音条件等。

六、临门一脚：全面分析副业项目

正式开启副业之旅前，还要对即将从事的副业项目有一个清晰的规划，包括如何展开和推进项目，以及项目的目标等。对副业项目的全面分析可以借助七问分析法（又称5W2H分析法）来实施。

5W2H分析法是二战中由美国陆军兵器修理部首创，后来广泛用于企业管理和技术活动中。在创业实践过程中，该分析方法同样能够发挥较大的作用。5W2H分析法包括简单的七个步骤，如图2-6所示。

1W：WHY（为什么做）

开启副业的基本目的分析。为何要开展副业：为了追求更高的收入？为了赚钱补贴家用？为了发展自己的兴趣爱好？为了拓宽自己的职业路径，为将来的发展做准备？等等。

这是开启副业前需要首先明确的一步，这将为整个副业项目的开展奠定一个基调。

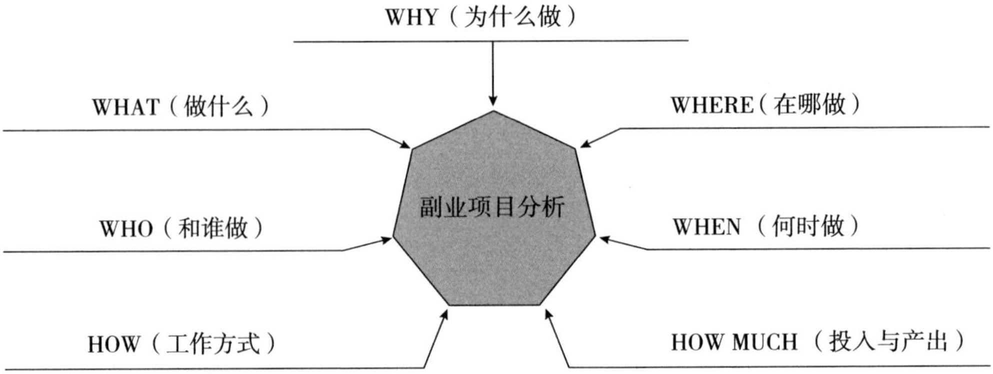

图2-6　5W2H分析法

2W：WHAT（**做什么**）

副业项目的选择分析。即要开展何种副业项目，以及选择该项目的原因。同时，需要对从事的副业项目进行清晰的界定。比如，要开展自媒体写作项目，就要明确到底写哪方面的内容。总之，需要明确具体的工作内容。

3W：WHO（**和谁做**）

副业项目的合作伙伴。从事该项目是否需要合作伙伴？如需要，该选择哪些合作伙伴？该合作伙伴是最合适的人选吗？当然，这里的合作伙伴还包括从事该项目所需的上游供应商和下游客户等，这都是需要分析的对象。

4W：WHERE（**在哪做**）

主要指启动副业项目的地点或平台，包括项目展开的地点或平台。若为店铺，则需考虑店铺的位置；若为送外卖或跑腿类项目，则需要确认大致的地理区域；若为自媒体类副业，还需考虑入驻的平台等。

5W：WHEN（**何时做**）

主要是启动副业项目的时间分析。包括为何在这一时间启动？有无更合适的时间？若为自媒体平台创业，还需考虑文章或内容发布的时间、更新的频率等。

1H：HOW（工作方式）

主要指开展副业项目的方式、方法与路径。选择何种方法介入这个项目会更简单、容易？有没有更好的方法？

2H：HOW MUCH（投入与产出）

主要分析副业项目所需投入的资金、成本。整个项目大致的资金需求是多少？有没有减少投入的路径？该项目的预期产出如何？有没有提升回报的方法？

第三章

知识经济时代，内容创业正当时

随着自媒体时代的来临，内容创业也进入了一个快速发展的黄金期，各类内容创业的王者层出不穷。无论是短视频行业的佼佼者，头条与公众号领域的大V，本质上都是内容创业中的“领军人物”。

一、出书：从当年明月到刘慈欣

事实上，以内容产业为副业者自来有之，区别只在于表现形式或发表的平台有所不同。前些年，无论是开创用心写史的《明朝那些事儿》的作者当年明月，还是计算机工程师出身的《三体》作者刘慈欣，都是以内容创业为副业的成功者。

◎公务员与作家的双重身份。

当年明月，本名石悦，2000年7月参加工作，成为广东顺德海关的一名公务员。自2006年开始，当年明月开始在天涯论坛连载长篇历史著作《明朝那些事儿》，后转战新浪博客，月点击率均超过了百万。

后来，《明朝那些事儿》一经正式出版，就引发了一波销售狂潮，并直接进入超级畅销书行列。十几年的时间里，该书累计销量突破了1000万册。

不过，尽管当年明月的写作收入已经远超公务员的收入，但他仍然没有离开公务员队伍。也就是说，在他的眼中，写作收入再高，也是一项副业，公务员才是自己的主业。主业与副业还是有区别的。

◎从工程师到科幻作家。

与当年明月相比，刘慈欣做出了不同的选择。1985年，刘慈欣从华北水利水电学院毕业，分配到山西娘子关电厂工作，成为一名计算机工程师。

进入电厂后，他并没有满足于自己的全职工作，而是拾起了自己的“科幻梦”。当然，在20世纪80年代，还没有副业这种说法，做兼职也是不被认可的。于是，他便开启了自己的地下写作生涯。

白天上班，晚上写作。如果晚上加班，那就写不成了。值得欣慰的是，那时候晚上加班并不多。他利用业余时间完成了初期的科幻作品写作，1989年创作了科幻小说《超新星纪元》和《中国2185》，但并未发表。

1999年6月，在《科幻世界》首次发表两篇作品《鲸歌》和《微观尽头》，同年首次凭借《带上她的眼睛》获得1999年中国科幻银河奖一等奖。

2006年5月，刘慈欣创作的长篇科幻小说《三体》第一部开始在《科幻世界》上连载，一直持续了半年多，到年底结束。同年，凭借该作品获得中国科幻银河奖特别奖。

2013年，凭借《三体》一书获得的版税收入，第一次登上中国作家富豪榜。从此，转入专职写作领域。

从此以后，刘慈欣将写作由副业轨道切换为主业。

人的兴趣不同，志向不同，所做的选择也会完全不同。面对副业带来的巨大成功，刘慈欣与当年明月做出了不同的选择。不过，他们有一点儿是相同的，即只有副业带来巨大的成功，你才有选择的机会。

并不是一提起作家或出版图书，就必然要想到大师、专家等角色。其实，普通人只要在某些领域拥有专长，具备一定的写作能力，就有出书成为作家的可能。

1. 项目评估及适用人群

兼职作家本身是一个有一定门槛的职业。同时，这也是一个对主业不会产生影响，甚至会对主业有助力的一个项目。当然，具体是否适合从事这个行业，还要从以下五个维度进行分析，如图3-1所示。

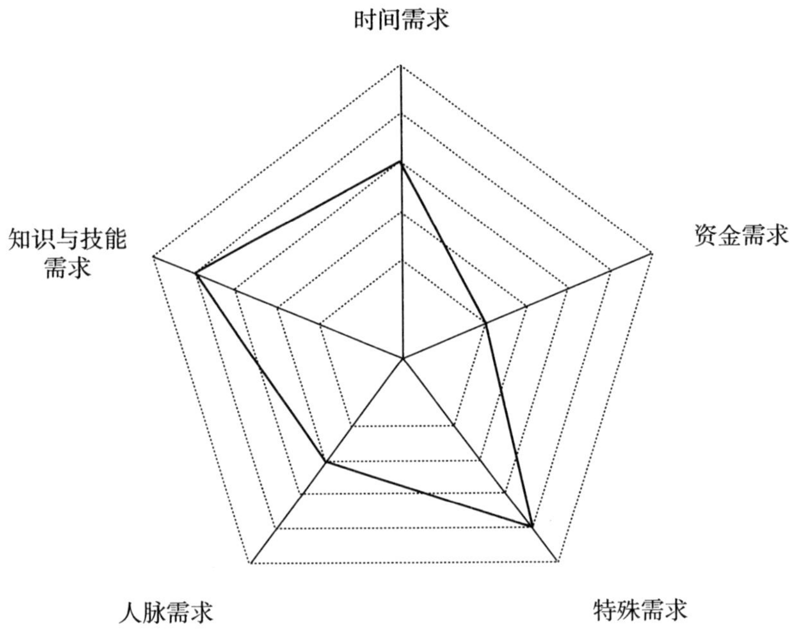

图3-1 五个维度评估兼职作家项目

从整体上来看，兼职作家对能力与知识的要求还是比较高的，属于进入门槛较高的类型。下面来看一下从具体项目的需求情况。

维度一：时间需求

兼职作家需要占用一定的时间。不过，以兼职作家为副业的人，可以根据自己的工作和生活习惯合理安排写作的时间。通常来说，一本书从准备到写作，到最后正式出版，所需时间少则数月，多则几年甚至十几年，这期间所需投入的精力是非常多的。

维度二：资金需求

兼职作家项目，几乎不需要任何的资金投入。当下，有一部能够上网的电脑就可以了。当然，若需查询一些资料，可能还要购置一些图书，这也可以看成一笔支出了。

维度三：知识与技能需求

这是一个对知识与技能要求较高的项目。要想完成一本图书的写作，肯定需要在某些领域具备一定的专业知识或者某些专长。另外，这些知识与技能肯定还应该是其他人所需要的。一般来说，需要的人越多，这本图书可能越好卖，获得的收益也会越多。

维度四：人脉需求

这是一个基本不需要多少人脉的行业。当然，若在出版领域有一些人脉，肯定出书也会相对容易一些。

维度五：特殊需求

写作能力是从事该行业工作的基础，也是最为重要的一种能力。写作能力不达标，自身所具备的专业知识和技能就不能很好地表达出来，也就无法形成可以出版的图书了。

2. 做好兼职作家的关键因素

进入兼职作家行列的门槛相对较高，竞争也比较激烈。影响兼职作家副业的因素包括如图3-2所示的几项。

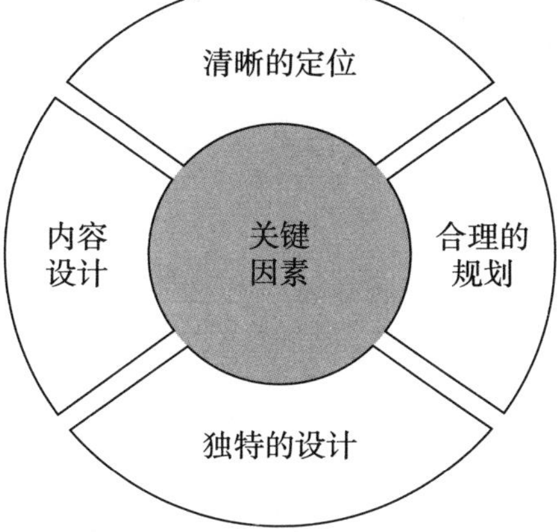

图3-2　做好兼职作家的关键因素

第一，清晰的定位。

从决定写书开始，就必须对整本书有一个清晰的定位。包括内容涉及的领域、目标受众群体等。

第二，合理的规划。

图书写作项目启动前，需要对整本书有一个大致的规划，包括整体结构、内容展开的方式、内部的章节设计等，都要有清晰的规划。规划结束后，基本上一本书的目录或大纲就形成了。

第三，独特的设计。

这是一本书区别于其他图书的核心所在。这种独特性可以是在内容上与其他图书的区别，也可以是在内容表达与展开方面的区别。

第四，内容设计。

内容设计既包括段落结构、内容与文字的演绎，还包括各类图片、表格的插入，这些元素都能提升整本图书的观感。

读者的时间与精力十分有限，若全部是大段的文字，很难让人坚持阅读下去，如采用多种编排方式，无疑可以增加读者阅读的兴趣。

3. 兼职作家的基本操作流程

出版一本书大致需要经历以下几个环节，如图3-3所示。

第一步：提出写作设想。

这是写作的原点。无论写作何种图书，首先必须有一个写作的设想。比如，想要写一本小说，就要明确是哪种类型的小说；写一本工程设计类图书，也要明确具体的细分领域等。

第二步：搜集写作素材并设计结构。

围绕写作的内容搜集相关素材，并充实自己的设想。若能构建一个大致的情节或整体的思路，则为最佳。

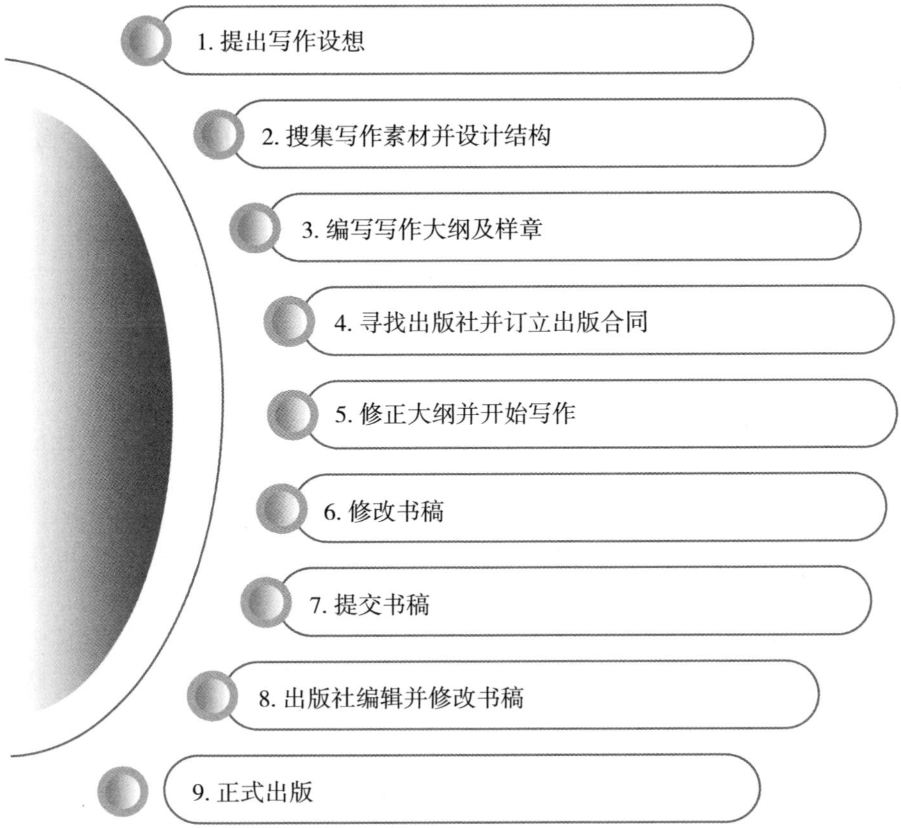

图3-3　出版一本书的大致程序

第三步：编写写作大纲及样章。

这是图书正式写作前最重要的一步。出版一本书，肯定要经过出版社。出版社判定你这本书能否出版或者是否值得出版，依据的也是图书写作大纲和样章。图书写作大纲，应该涵盖整本书的结构，就如同图书的目录一样。当然，由于图书写作还没有启动，大纲也可以不具体到第三级标题，只要达到两级目录的状态，出版社也可以对全书的脉络有个大致的了解。

样章也是提交给出版社的重要文件。出版社需要通过样章来考察作者的写作水平，判断一本书是否达到出版的要求。提交样章时，可以不从第一章内容提交，但一定要提交自己认为写得最精彩的部分。

另外，随同图书大纲和样章一起准备的还有作者简介。作者简介不需要有多全面，但最好能够证明自己有能力、有实力写好这本书。若提交的工作经历中曾经出版过类似图书、写过类似文章等，都能提升出版成功的概率。

第四步：寻找出版社及订立出版合同。

对于想要从事图书写作的人来说，这是非常关键的一步。特别是之前没有图书出版经验的人，寻找合作出版社并不容易。

目前，寻找出版社的途径包括以下几种。

第一，出版社网站主页公布的投稿邮箱与电话。这是联系出版社最直接的方式，作者需要将自己的图书大纲、样章发送给出版社。

第二，寻找相关出版社出版的图书。很多出版社会在出版的图书上公示投稿邮箱或电话。

第三，通过一些社交媒体或网站寻找出版社的联系方式。包括一些出版QQ群、微信群等。

在寻找出版社时，可能还会遇到以下几种情况。

第一，一些民营出版公司或工作室也会主动联系你。这时作者就要进行考察了。有的公司是比较正规的，有的公司可能存在骗稿或者让作者自费出书的情况。相对而言，还是直接联系出版社更加保险。

第二，有些出版社可能会提及回购图书或支持经费的情况。一般来说，作为想要将图书出版作为副业的人，还是应该尽量回避这些情况。只要自己的内容过硬，一定要争取正常的版税出版。

关于版税以及图书出版相关细则（含图书字数、交稿时间、署名方式等）也会在出版合同中明确，这些都要事先有所准备。

第五步：修正大纲并开始写作。

在订立出版合同过程中，出版社的相关编辑可能会对图书写作提出一些看法或意见。此时，你也可以与其进行详细的沟通。若需对内容进行调整，则需第一时间修订大纲。

当图书大纲最终确定后，就需要立即投入写作工作。

第六步：修改书稿。

在书稿写作过程中，都会经历多次修改才能最终完成。初次写作的书稿，肯定要经历几轮修改，才能最终达到出版的要求。

第七步：提交书稿。

按照出版合同的约定，将书稿提交给出版社。至此，图书创作过程基本告一段落，但距离图书出版还有一段时间。

第八步：出版社编辑并修改书稿。

图书交稿后，出版社会经历多轮的编辑加工、校对。其中，出版社的编辑也会就图书中的一些问题与作者进行探讨，有时也会要求作者对某些内容进行修改等。

第九步：正式出版。

待出版社编辑加工、校对完成后，就会排版和印刷。等印厂完成图书印刷后，一本书就可以正式上市销售了。

二、运营公众号：建立属于自己的阵地

微信公众号，已经成了很多人的标配。要是没有一个属于自己的微信公众号，似乎都不足以彰显自己的身份。从某种意义上来说，微信公众号一定程度上满足了普通人成为明星、焦点的心理需求，毕竟微信公众号中的粉丝都是以自己为中心的。同时，很多顶级微信公众号运营者（俗称“大V”）都获得了较高的收益。

于是乎，微信公众号成为很多人兼职创业的“不二”选项。

微信公众号，是腾讯在微信平台推出的一款应用产品，分为服务号和订阅号两大类别。其中，服务号的服务对象为企业，订阅号的服务对象为媒体和个人。也就是说，我们个人能够注册的其实就是公众号中的“订阅号”。

小宋是较早运营微信公众号的一批试水者。与其他人抱着玩的态度不同，他对自己的公众号有一个较为清晰的定位。长期以来，他在公众号发表的多数文章都是围绕历史展开的，尤其是一些历史疑案、容易引起争论的问题，小宋在公众号文章中进行了较为深刻的分析。几年下来，公众号聚集了很多对历史感兴趣的粉丝。

慢慢地，系统也开始在他的公众号投放一些广告。后来，他也尝试利用公众号带货等操作。随着粉丝量的逐渐增加，自己的收益也随之增加。特别是粉丝量突破了10万之后，收益增加得更为明显，微信公众号的收益逐渐成为除了工资收入外的最大一部分收入来源。

微信公众号，属于典型的自媒体形式。微信公众号属于一种点对面的传播形式，创立初期，为了防止公众号创建者对个人用户的骚扰，特别设置了一种功能，即个人用户可以添加公众号用户，但公众号不能添加个人，这就使得微信公众号获得用户相对困难。从某种意义上来说，微信公众号的收益与粉丝量、阅读量是呈正比的，这都更加要求公众号运营者努力提升文章的可读性和可传播性。

1. 项目评估及适用人群

运营公众号项目几乎可以作为所有人的兼职选择。运营公众号不仅可以获得一定的收入，还可以培养自己与外界交流、沟通的能力。当然，具体是否适合干这个行业，还要从以下五个维度进行分析，如图3-4所示。

从整体上来看，运营公众号的工作要求和限制是比较少的，属于进入门槛较低的类型。从项目需求情况来看，运营公众号有以下几个特点。

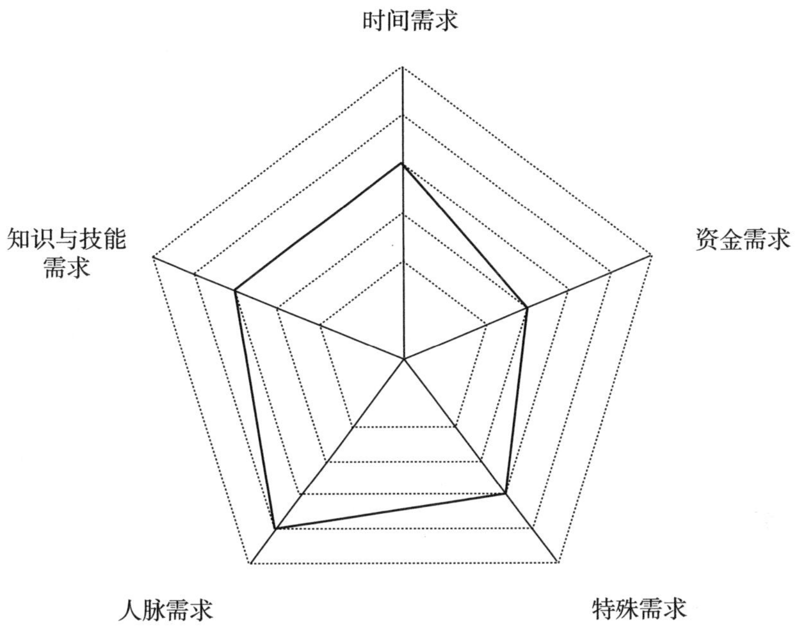

图3-4　五个维度评估运营公众号项目

维度一：时间需求

运营公众号需要占用一定的时间。不过，以运营公众号为副业的人，可以根据自己的工作和生活习惯合理规划发布文章的时间。通常来说，准备一篇高质量的文章需要较长的时间，但文章发布间隔的时间又不能太长，否则，粉丝就会失去关注的兴趣。因此，保持每周至少更新一篇文章的频次是必须的。

维度二：资金需求

运营公众号项目，几乎不需要任何的资金投入，有一部能够上网的手机或电脑就可以了。

维度三：知识与技能需求

从本质上来说，运营公众号并不需要什么知识和技能，只要具备基本的网络操作和直播技巧即可。不过，要想在某个领域有所建树或赢得相当大的粉丝群，还是需要在某些细分领域建立较为专业的形象。从目前的公众号传播情况来看，历史、时政、证券理财、育儿、情感等类型的公众号号召力更强，也更加容易赢得粉丝。

维度四：人脉需求

人脉是运营公众号的基础。粉丝量的多少，是关系最终收入的一个决定性因素。只有公众号的内容足够吸引人，才能获得更多粉丝的关注，公众号才能持续运营下去。

维度五：特殊需求

公众号的内容设计与规划，是从事公众号运营最为特殊的一项需求。毕竟大家是将其作为副业的。更加吸引人的内容，才能吸引更多的粉丝入场，才能获得更高的收入。

2. 做好公众号运营的关键因素

进入公众号运营行列的门槛很低，但竞争较为激烈。影响运营公众号项目的因素包括如图3-5所示的几项。

第一，清晰的定位。

从以往的经验来看，越是专注于某一细分领域的公众号，越容易获得粉丝的青睐。特别是有一些人喜欢利用公众号来学习或了解知识时，专注于某一细分领域的公众号优势就会更加明显。

第二，掌握热点需求。

即使在细分领域内，粉丝的需求仍是需要时刻掌握与了解的。某一细分领域内的热点问题更应该关注。将文章内容集中于热点方向，无疑可以获得更多的关注与转发，这也是公众号吸粉的最佳方法。

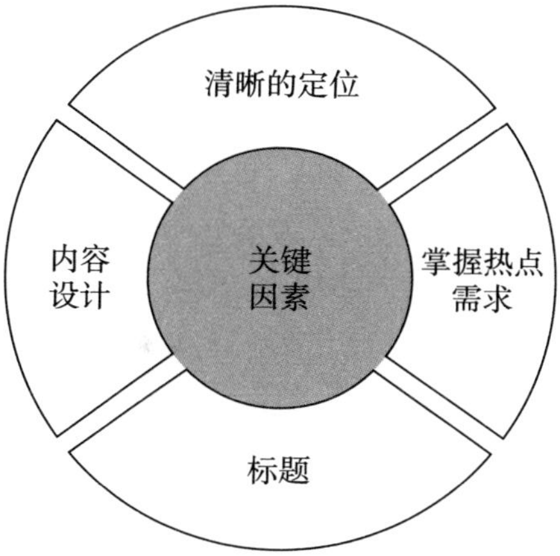

图3-5　做好公众号运营的关键因素

第三，标题。

一个有吸引力的标题，无疑可以获得更多的关注。正因如此，公众号运营较好的人，都是善于设计标题的高手。

第四，内容设计。

合理的内容规划既包括段落、内容与文字的演绎，还包括各类图片、表格，甚至视频的插入，都可以提升整篇文章的观感。

3. 运营公众号的操作方式

注册公众号比较简单，只需在腾讯主页界面点击【微信】下的【公众号】，选择【立即注册】，然后按照要求准备相关资料，完成注册即可。

粉丝量是考验公众号的核心指标。在整个运营过程中，只有将各个细节做好，才能真正留住粉丝，提升粉丝的黏合度。

在运营公众号过程中，需要注意以下几点。

第一，精品策略。

阅读公众号文章的人包括已经订阅的用户和未订阅用户。你发表的文章水平太差，就会有人取消订阅，因此，文章是不是精品要比数量多少更重要。特别是公众号每天只能群发一次消息，必须利用好这次机会将精品文章推送出去。

第二，多学习、借鉴别人的经验。

多借鉴被别人广泛传播的文章，研究值得学习的元素。别人的文章能够被广泛阅读，必然有其可取之处。当然，这并不是要抄袭或拷贝，而是学习别人的写作和运营方法，比如文章内容的排版、图片的使用等。

第三，靠文章内容吸引人。

文章内容写好之后，还要在编辑和排版上下一点儿功夫，包括各个段落的安排、字体以及字号大小的设计等。总之，以调整到阅读最舒服的模式为宜。在文章中，还要适当地穿插一些图片，以提升文章的观感。当然，有些网站还提供了一些免费的排版模板，这也是一个不错的选择。

第四，多宣传自己的公众号。

公众号运营初期是最为困难的，毕竟没有人知道自己的公众号，因此，必要的宣传推广还是需要的。初期，可以考虑从家人、朋友入手，让其帮助扩大影响力。

三、头条号类自媒体平台

随着自媒体产业的快速发展，各大平台都投入了巨大的财力来吸引优质的作者入驻，并提供了很多激励政策。头条号、大鱼号、百家号、企鹅号等各大互联网巨头先后入局，共同推动了整个行业的发展。对想要将自媒体作为副业的人来说，这是最好的时机。

小丽是一家企业的公关部主管，平时主要的工作是接待媒体采访和客户调研等。工作之余，更多的时间和精力都用在了自身的美丽事业上，每个月花在美容、化妆方面的钱都很多。当然，在这方面的投入，小丽是不会觉得心疼的。后来，在网上浏览关于美妆方面的文章时，突然产生了一个自己办自媒体账号的想法。既然自己喜欢美妆，而且还很有经验，写东西更是自己的长项，为何不能办一个自己的自媒体账号。

说到做到，小丽很快就在头条号和百家号申请了账号，名称当然都是相同的。小丽在分析其他人的文章后，开始动手发自己的文章了。随着粉丝量和阅读量的提升，她每天的收入也开始增加。后来，她又在自己的头条号和百家号中增加了一些相关商品的链接，当然，还是以美妆相关产品为主。

此后，随着粉丝量和阅读量的进一步提升，收入又提升了一个台阶。这部分收入，慢慢构成了她核心收入的一部分，甚至可以弥补在美妆方面的支出了。

运营头条号，属于典型的自媒体形式。与头条号相似的自媒体平台，设置都非常相似，都可以将文章推送给可能会阅读的目标群体，然后根据用户的阅读量或转发量决定未来的展现量。总之，可读性越高的文章，推送的次数可能更高。若有用户对头条号作者发布的内容非常感兴趣，就会变成该用户的粉丝。相对而言，情感类、育儿类、财经类、健康类文章的受众更多，传播力度也最强。

头条号的收益与粉丝量、阅读量是呈正比的，这就要求头条号运营者努力提升文章的可读性和可传播性。

1. 项目评估及适用人群

运营头条号项目几乎可以作为所有人的兼职选择。运营头条号不仅可以获得一定的收入，还可以培养自己与外界交流、沟通的能力。头条号的运营与公众号相似，也可以从以下五个维度进行分析，如图3-6所示。

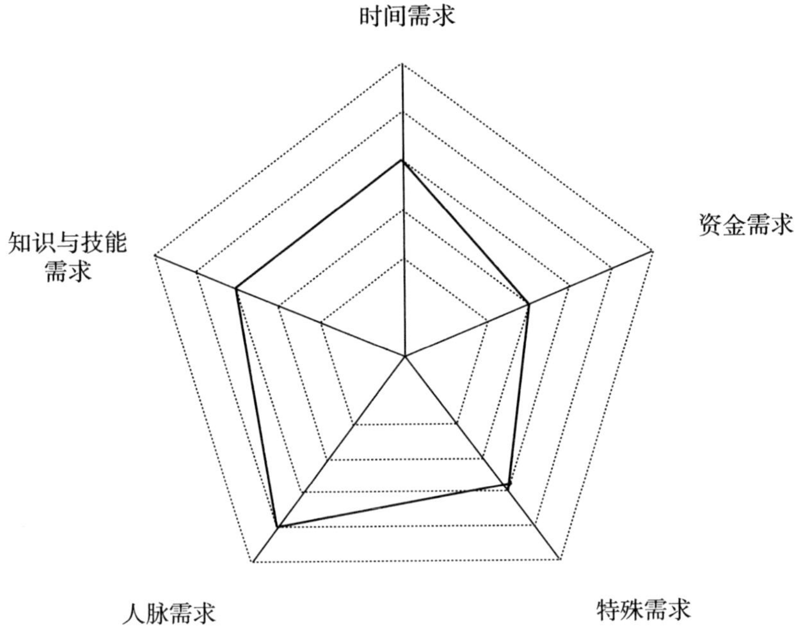

图3-6　五个维度评估运营头条号项目

从整体上来看，运营头条号的工作要求和限制比较少，属于进入门槛较低的类型。从项目需求情况来看，运营头条号有以下几个特点。

维度一：时间需求

运营头条号需要占用一定的时间。不过，以运营头条号为副业的人，可以根据自己的工作和生活习惯合理规划文章发布的时间。通常来说，准备一篇高质量的文章肯定需要时间，但文章发布间隔的时间不能太长，否则粉丝就会失去关注的兴趣。因此，保持每日更新是有必要的，若为视频内容，也要保证每周更新一条。

维度二：资金需求

运营头条号项目几乎不需要任何资金投入，有一部能够上网的手机或电脑就可以了。

维度三：知识与技能需求

与运营公众号相似，头条号运营本身对知识和技能的要求并不高。不过，从以往的成功运营者的经历来看，一些善于在自己专长的领域进行深度挖掘和知识输出的头条号突出重围的概率更大，更容易收获流量和粉丝。

当然，一些需要专业知识的领域，还需要运营者提供相应的资质证明，如证券理财类头条号、健康类头条号、法制相关的头条号等。

维度四：人脉需求

头条号运营的基础就是粉丝与流量经济。因此，粉丝量，这种特殊的人脉资源就是头条号能否持续运营的一个关键因素。增加关注量、提升粉丝等级，是网络时代经营人脉的一项重大挑战。

维度五：特殊需求

同样的内容，不同的标题或展现形式，往往会产生不一样的传播效果。目前，像快手、抖音等平台都是基于内部的算法在推荐文件、视频的。因此，尝试不同的设计思路，寻找一条适合自己内容推广的方法就是运营头条号的一项需求。

2. 做好头条号运营的关键因素

运营头条号的门槛不高，但竞争十分激烈。影响头条号运营的因素包括如图3-7所示的几项。

第一，聚焦于核心领域。

越是专注于某一细分领域的头条号，越容易获得粉丝的青睐。特别是有一些人喜欢利用头条号来学习或了解知识，专注某一细分领域的头条号优势就会更加明显。同时，头条号在向外推荐展示时，也是按照各个门类进行推荐的。比如，有的读者喜欢看一些理财类文章，那么，系统就会将最新的理财类文章推送给他。也就是说，越聚焦于核心细分领域，就越容易聚集拥有相同兴趣爱好的粉丝。

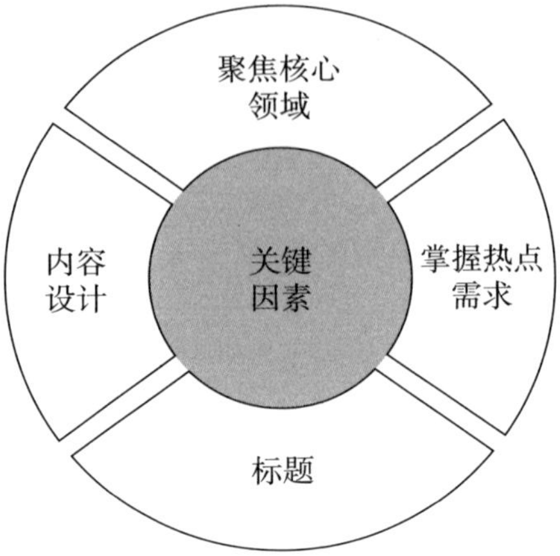

图3-7 做好头条号运营的关键因素

第二，掌握热点需求。

即使在细分领域内，粉丝的需求仍是需要时刻掌握与了解的。某一细分领域内的热点问题更应该关注。将文章内容集中于热点方向，无疑可以获得更多的关注与转发，这也是头条号增加粉丝数量的最佳方法。

第三，标题。

一个有吸引力的标题，无疑可以获得更多的关注。正因如此，头条号运营较好的人，都是善于起标题的高手。一些稍稍夸张一点儿的名称或者与热点、明星相关的标题，往往更容易吸引人。

第四，内容设计。

合理的内容规划，既包括段落、内容与文字的演绎，还包括各类图片、表格，甚至插入的视频都可以提升整篇文章的观感。

3. 运营头条号的操作方式

头条号运营过程中，以下几点需要特别注意。

（1）头条号的收入。

头条号以及相似类型的自媒体，流量变现方式大同小异。从事自媒体写作的人，收入主要来源于这样几部分：第一，广告收入。这是自媒体平台的主要收入方式，你的文章阅读量高，广告投放带来的收入也随之升高。第二，征文活动的奖励。自媒体平台为了鼓励大家的创作热情，经常会搞一些征文比赛，获奖作品则会获得一定的奖励。第三，带货收入。头条作者也可以直接通过文章来带货，这样可以获得一定的佣金提成等收入。

（2）开启创作之旅。

万事开头难。没有创作经历的人，刚开始写作头条内容会觉得十分困难。在开始阶段可以尝试这样操作：首先，从内容定位开始，选择一个自己感兴趣、能够写出东西的题目；其次，多看看被广泛阅读的相关文章，学习别人的写作方法。你可以复制别人的思路，但不能照搬内容，否则会被判定为侵权。

（3）了解平台的推荐机制。

自媒体平台内部有自己独特的算法和文章推荐机制。在这套机制中，标题和正文中的关键词都是非常核心的要素。对于新手来说，将相关类型推荐量高、阅读量大的文章标题统计一下，看看都用了哪些关键词，然后再决定自己使用的关键词，这也是一个可行的策略。

四、拍短视频赚钱

从某种意义上来说，拍短视频也是内容创业的一种形式，只是属于比较特殊的形式。从传播发展的角度来看，短视频类内容的发展空间要优于普通的文字和文章。普通的原创文章经常被篡改、删减，短视频就安全得多。

何岚是一家互联网企业的后台维护人员。平时的工资还可以，但因为和一群IT人工作久了，总喜欢玩一些比较新潮的东西。在短视频开始兴起时，她就注册了一个短视频账号，将平时看到的比较好玩的画面场景、遇到的好玩的人和事都用短视频记录下来并发到抖音上。一来二去，她抖音账号的粉丝越来越多，俨然成了一个“大V”。

随着视频播放量的增加，她获得的流量收入越来越多，而且时不时还有一些粉丝对其送出小礼物。

何岚没有想到，一个小小的短视频给自己带来娱乐的同时，顺带着还能有不菲的收入。由于她有自己的主业，短视频只是一个业余爱好，所以，她对收益并没有太高的要求。但经过自己多年的努力，这个小小平台的未来前景还是让她十分地期待。

拍短视频也属于典型的自媒体形式。目前，除了抖音、快手等专门的短视频平台外，很多头条号、公众号也都开通了各自的短视频平台。

从某种意义上说，短视频更像是内容创业的黄金赛道。当然，相对于写文章来说，短视频创作可能更为复杂一些，但收益可能也会更好一些。

1. 项目评估及适用人群

拍短视频赚钱项目几乎可以作为所有人的兼职选择。拍短视频不仅可以获得一定的收入，还可以培养自己与外界交流、沟通的能力。该项目的运营也可以从以下五个维度进行分析，如图3-8所示。

从整体上来看，拍短视频赚钱的工作要求和限制是比较少的，属于进入门槛较低的类型。从项目需求情况来看，拍短视频有以下几个特点。

维度一：时间需求

与其他内容创业相似，拍短视频赚钱需要占用一定的时间。不过，以拍短视频赚钱为副业的人，可以根据自己的工作和生活习惯合理规划视频发布的时间。通常来说，准备一篇高质量的短视频肯定需要时间，包括选题规划、脚本策划、拍摄以及后期制作等。但发布短视频间隔的时间又不能太长，否则粉丝就会失去关注的兴趣，因此，至少也要保证每周更新一条。

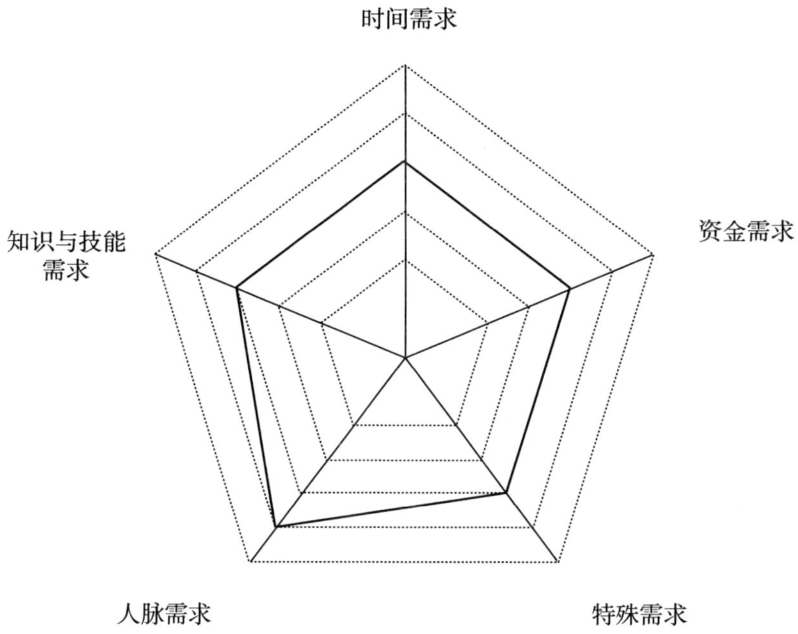

图3-8　五个维度评估拍短视频赚钱项目

维度二：资金需求

拍短视频赚钱，一般有一部能够上网的手机或电脑就可以了。但若想拍摄质量较佳的短视频，还是需要一定投入的，包括摄像器材、灯光布景等。

维度三：知识与技能需求

从本质上来说，拍短视频并不需要什么知识和技能，只要具备基本的网络操作和直播技巧即可。与运营公众号相似，要想在某些领域有所建树或赢得较多的粉丝群，还是需要在某些细分领域建立较为专业的形象的。一般来说，有趣的、好玩的短视频更容易获得传播，毕竟大家工作都非常辛苦，需要一些有趣的视频来调剂心情。

维度四：人脉需求

人脉也是拍短视频赚钱的基础。粉丝量的多少，是关系最终收入的一个决定性因素。只有持续获得更多粉丝的关注，拍短视频赚钱的项目才能持续下去。

维度五：特殊需求

短视频内容的设计与规划，这是从事短视频拍摄和赚钱最为特殊的一项需求。毕竟我们是要将其作为副业的，更加吸引人的内容，才能吸引更多的粉丝入场，才能获得更高的收入。

2. 拍短视频赚钱的关键因素

进入短视频拍摄赚钱行列的门槛很低，但竞争较为激烈。影响进入短视频拍摄赚钱项目的因素包括如图3-9所示的几项。

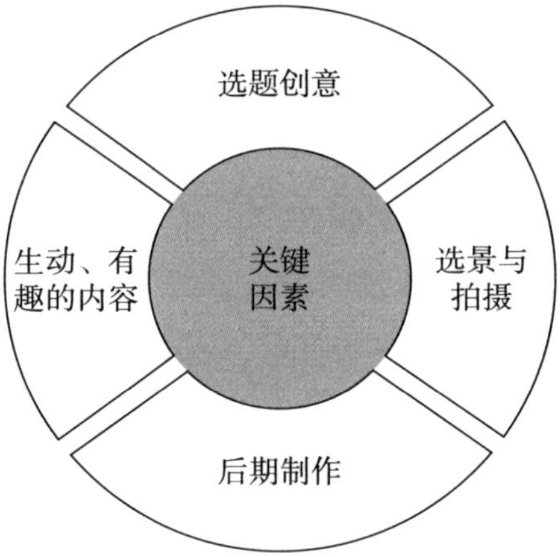

图3-9　拍短视频赚钱的关键因素

第一，选题创意。

优秀的创意是短视频的灵魂。即使是一条简单的幽默段子视频，也是有核心思想、核心包袱的。这都是需要事先规划和设计的。一般来说，一个人拍的短视频还是应该集中于某一细分领域，这样更容易吸引粉丝的关注。

第二，选景与拍摄。

看似普普通通的短视频，其实也是需要经过细心的拍摄才能获得的。场景的布置、声音与光线的安排，都可能对短视频的质量产生重要的影响。因此，在正式拍摄短视频前，最好能够多学习一些短视频拍摄技术。

第三，后期制作。

正式发布的短视频一般都经过了后期制作与处理，这主要是因为短视频拍摄过程中，可能会有一些影响视频质量的画面或声音在里面。通过后期处理，将不需要的画面剪掉，也是制作短视频需要做的事情。后期制作是为了给观众一个高质量的观感，毕竟低质量画面的视频是没有人愿意看的。

第四，生动、有趣的内容。

短视频的内容应以生动、有趣为主。即使是知识性短视频，也最好能够做得有趣一些。

3. 运营短视频的操作方式

短视频运营过程中，以下几点需要特别注意。

（1）短视频收入来源。

短视频以及相似类型的自媒体变现方式大同小异。其收入来源主要包括这样几个部分：第一，广告收入。这是自媒体平台的主要收入方式，你的短视频阅读量高，广告投放带来的收入也会越高。第二，带货收入。短视频作者可以直接通过短视频来带货，这样就可以获得一定的佣金提成等。第三，粉丝打赏收入。很多短视频平台都开通了打赏功能，这部分收入也可能会很高。

（2）短视频的制作。

制作短视频其实也分为两类：其一，完全原创拍摄，即自己规划脚本后，直接进行实景拍摄。这种制作短视频的难度相对较大，而且到底能带来多少收益还很难说；其二，通过对长视频进行剪辑、处理，加入一些个人创作的元素，如解说、介绍等，构成新的短视频。相对而言，第二种方式要简单一些，也是目前较多视频号运营者采用的方式。当然，在剪辑过程中，还要注意视频版权的问题。

五、知乎回答问题赚钱

回答问题即可赚钱，早几年这听起来可能像是个玩笑，但在最近几年，随着网络问答社区的兴起，现在已经成为内容创业的重要组成形式之一了。

相对于其他内容创作，问答式创作尽管也需要自己提供相对丰富的内容，但毕竟题目已经是确定好的，这就省掉了很多寻找题目和内容的时间。

目前，问答类社区以知乎、头条下的悟空问答、360问答、百度知道为代表。其中，知乎是目前影响力最大的互动问答社区。

小张是一家科技企业的IT工程师，平时非常喜欢浏览网页，也是较早介入互动问答领域的“问答迷”。用他自己的话来说，网上有太多的技术小白需要他去搭救。因此，他经常搜寻网上各类技术方面的求助帖子，然后给出尽可能详尽的回答。由于小张的技术非常过硬，这就使得他回答的帖子总是能获得较多的阅读量和点赞量，小张俨然已经成为知乎论坛上的知名技术大牛。

期初，小张也并未想到回答问题能获得什么收益，自己愿意回答问题，完全就是为了帮助别人。可是，随着粉丝量的增加，小张发现在帮助别人的同时，自己也能获得一定的收益。有时候，有些提出问题的人还会给小张一个红包，尽管这些红包数目都不大，但感觉还是蛮好的。

回答问题挣钱，本质上也属于典型的自媒体形式。这些问答社区可以将回答的问题推送给可能阅读的目标群体，然后，根据用户的阅读量或转发量决定未来的展现量。总之，可读性越高的文章，被推送的阅读数量越高。若有用户对回答者发布的内容非常感兴趣，就会变成该用户的粉丝。

1. 项目评估及适用人群

回答问题挣钱项目几乎可以作为所有人的兼职选择，不仅可以获得一定的收入，还可以培养自己与外界交流、沟通的能力。回答问题挣钱项目，也可以从以下五个维度进行分析，如图3-10所示。

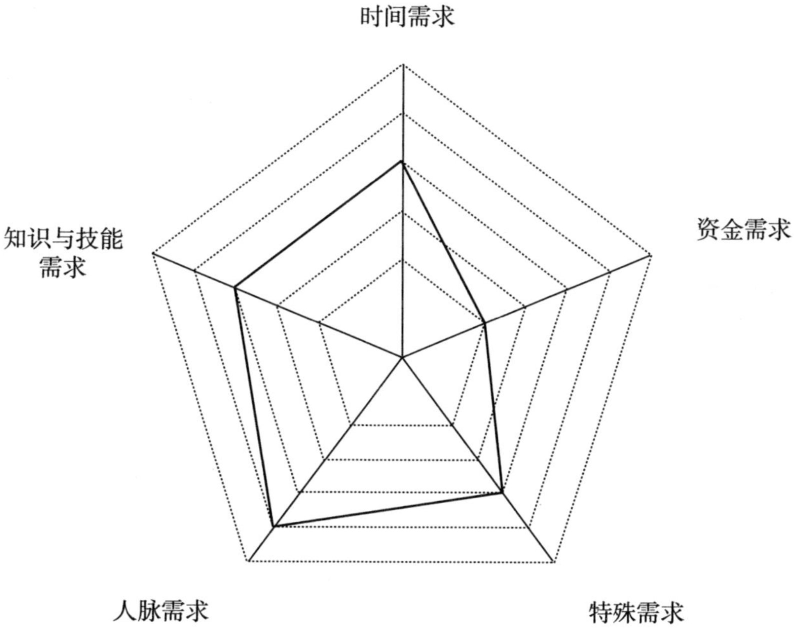

图3-10　五个维度评估回答问题挣钱项目

从整体上来看，回答问题挣钱的工作要求和限制还是比较少的，属于进入门槛较低的类型。从项目需求情况来看，回答问题挣钱有以下几个特点。

维度一：时间需求

回答问题挣钱需要占用一定的时间。不过，以回答问题挣钱为副业的人，可以根据自己的工作和生活习惯，合理规划回答问题的时间。回答问题与写文章还是有所不同，回答问题可以寻找自己感兴趣的话题进行写作，这也需要一定的时间。

维度二：资金需求

回答问题挣钱项目，几乎不需要任何资金投入，有一部能够上网的手机或电脑就可以了。

维度三：知识与技能需求

一般来说，回答问题赚钱需要具备一定的知识与技能。若你所做的回答没有多少技术含量或知识量，也很难引发读者的共鸣。

维度四：人脉需求

人脉也是回答问题挣钱的基础。粉丝量的多少，是关系最终收入的一个决定性因素。只有持续获得更多粉丝的关注，问答才能持续下去。

维度五：特殊需求

目前，回答问题的回答者也是一个庞大的数量级人群。要想从众多的回答者中脱颖而出，还是需要下一番功夫的。同样是回答问题，有些回答就会被反复推荐，有些回答很快就会沉没，差别就在于答案的设计。事实上，问答社区的很多问题先前都有人回答过，因而在正式作答前，先浏览别人的回答也是可行的方案，然后在形式、样式等方面多做一些创新，效果就会更好。

2. 做好回答问题挣钱的关键因素

进入回答问题挣钱行列的门槛很低，但竞争较为激烈。影响进入回答问题挣钱项目的因素包括如图3-11所示的几项。

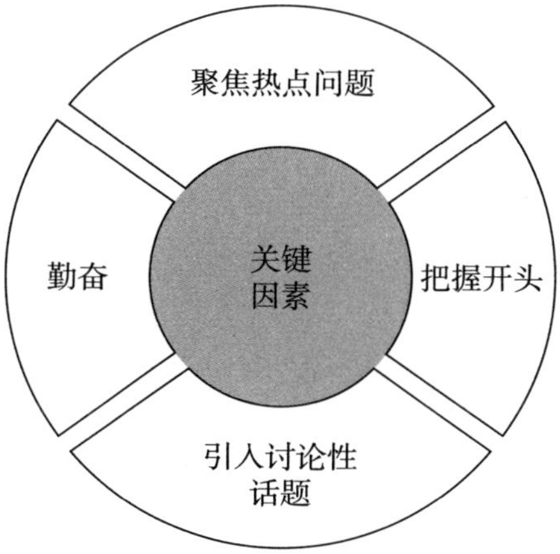

图3-11　做好回答问题挣钱的关键因素

第一，聚焦热点问题。

在互动问答社区，充斥着大量的问题。理论上，选择任何一个问题作答都是可以的。但不同的问题，受关注的程度肯定是不同的。也就是说，要想让自己的回答获得更多的关注，就要尽量选择那些热点的问题。

第二，把握开头。

写文章讲究“龙头凤尾”，回答问题的开头是最为重要的。很多人在阅读文章时，都是先看开头几句话，然后很快就做出了要不要继续看下去的决定。因此，在文章开头部分，必须亮明你的基本观点和看法。在回答问题时，有时候答案是否正确并不重要，关键是能不能引起别人的关注，至于赞同或反对，都是次要的。

第三，引入讨论性话题。

回答问题并不是简单地给出答案即可，目标是获得更高的阅读量和展现量，以求实现收益放大。因此，引入具有争议性的话题或者讨论性的话题，无疑可以获得更多粉丝的关注和参与。

当然，作者也要积极与留言的粉丝互动，以求实现最佳的互动效果。

第四，勤奋。

回答问题是不能偷懒的。想要多挣钱，赢得爆款的机会，只能通过多写问答的方式来获得。坚持写作，每篇文章的内容尽量多一些，这样获得的展现量就会上来，也就更容易出现爆款的回答。

3. 回答问题挣钱的操作方式

回答问题挣钱过程中，以下几点需要特别注意。

（1）如何选择问题。

选择热点问题，是能否获得足够推荐的关键。回答问题的新手有一个认识上的误区，总认为若是一个问题下面回答的人越多，自己获得推荐的机会越少，因为面临的竞争可能更大。其实并不是这样的，没有人会从前到后将答案看完，只是根据系统的推荐浏览某一篇答案，因此，回答条数多并不会成为系统推荐自己答案的障碍。相反，某一问题下面的答案条数多，反而能够说明这一问题属于热点问题。回答这类问题反而容易获得更多的推荐。

这里有几个硬指标，仅供参考。

第一，回答数是否超过了500条。超过500条则意味着你的回答有更大机会成为爆款文章。

第二，问题的收藏数量（好的问题数量）超过500条。这是一个更为困难的指标，也意味着还有很多人可能有回答问题的意愿。

第三，赞同数量或阅读量达到一定的量级。也就是说，该问题下的某些答案已经有成为爆款的文章了，此时你再回答问题也有成为爆款的可能。反之，若问题下方的回答阅读数量都很少，那也就没有多大的参与意义了。

比如，知乎上有一个问题，如图3-12所示。

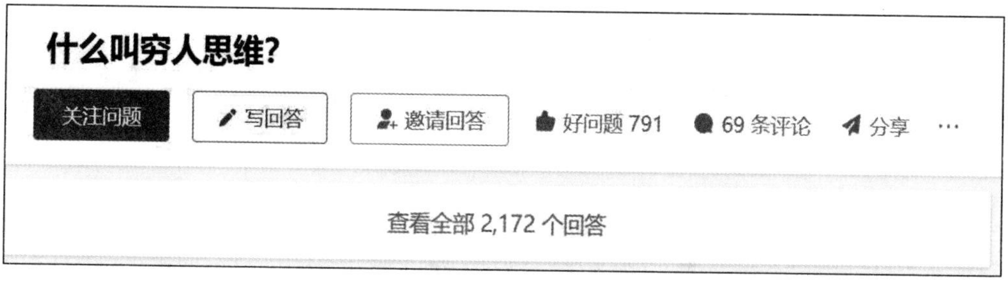

图3-12　知乎上的问题

从图中可以看出，“什么叫穷人思维？”这个问题引发了较为强烈的反响，回答总数超过了2000条。下面的回答中，赞同数过万的帖子就有不少。由此可见，该问题是一个容易产生爆款的问题。

（2）回答时的要点。

为了提升阅读量，在撰写回答时，需要注意这样几点。

第一，注意图文的结合。没有人喜欢看大段的文字，适当地图文结合才是写文章的正确方式。

第二，控制字数。回答的文字不需要太多，过多的文字反而有可能令人生厌。但文字也不能太少，一般以1000字到1500字为宜。其中再加入一些图表、图片，表达会更清晰。

第三，学会讲故事。在回答时，适当地加入一些故事、亲身经历等，能起到更好的效果，也更容易让读者产生共鸣。

（3）如何通过问答赚钱。

目前，通过回答问题赚钱的方式有以下几种。

第一，流量（广告）收入。

严格来说，知乎上没有直接的广告收入，但其他的互动问答上有，比如悟空问答。但知乎上的问答流量起来以后，也会获得一定的知乎币（可以兑换人民币）鼓励。总之，无论在哪种平台，只要阅读量上来了，最终都会获得一定的收入。当然，这方面的收入，悟空问答表现得更好。

第二，问答红包。

在知乎或悟空问答上都会有一些红包答题，参与者都有可能获得瓜分红包的机会。可能红包不大，但也是一部分收入。

第三，带货收入。

无论是知乎还是其他问答平台，只要阅读量上来了，都可以通过带货来获得额外的佣金。

第四，官方活动。

官方会不定期地搞一些答题活动，这些活动都会设置一定的奖励，参与就可能获得一定的奖金。

第四章

新兴业态，酝酿新的机遇

伴随着网络科技和自媒体行业的发展，一批以前没有的或者不大引人关注的行业得以迅速地壮大，也提供了很多新兴的工作岗位和机会。

一、网络直播：风口上的新兴行业

网络直播，是随着网络的普及和发展出现的一种新兴业态形式。特别是最近几年，由于疫情的影响，很多人外出旅游、购物都受到了较大的限制，网络直播却在此时取得了突飞猛进的发展。

最近一些年来，在网络直播领域不断地涌现出各类网络红人，这也极大地促进了该行业的发展。国家也陆续出台了多项规章制度来规范该行业，以促进该行业进入良性发展轨道。当前，有越来越多的人开始涉足网络直播行业，进入该行业的大部分人又以兼职为主。

小宋是一家公司的普通职员，他家里还养了两只宠物狗。在网络直播的热潮兴起后，他也跟着开了直播账号，做起了直播。开始，他和大家一样，也找不到直播的方向。

一次直播中，很多观众看到他养的两只宠物狗在打闹。本来在他看来这只是一次非常普通的情景，却吸引了很多人围观，使得他的直播号粉丝大幅增加。

尽管他也不清楚为何这么多人关注两只宠物狗的生活，但既然有人喜欢，就应该沿着这个路子做下去。此后，他的直播账号就直接切换到了两个宠物狗的日常，粉丝量同步上升，刷礼物、打赏的人也多了起来。

本来就是抱着玩儿的目的，却因为粉丝打赏的增加，最终成了名副其实的“副业”。

网络直播是最近一些年兴起的新兴业态，不仅电视台可以搞直播，随着网络、自媒体的发展和普及，普通人也可以做直播，直播行业基本实现了零门槛进入。网络直播满足了人与人交流的需求，也满足了部分人窥探其他人生活的猎奇心理。

直播农村生活、直播工作场景、直播家庭生活、直播才艺展示等，都受到了人们的欢迎。

1. 项目评估及适用人群

网络直播项目几乎可以作为所有人的兼职选择。网络直播不仅可以获得一定的收入，还可以培养自己与外界交流、沟通的能力。当然，具体是否适合干这个行业，还要从以下五个维度进行分析，如图4-1所示。

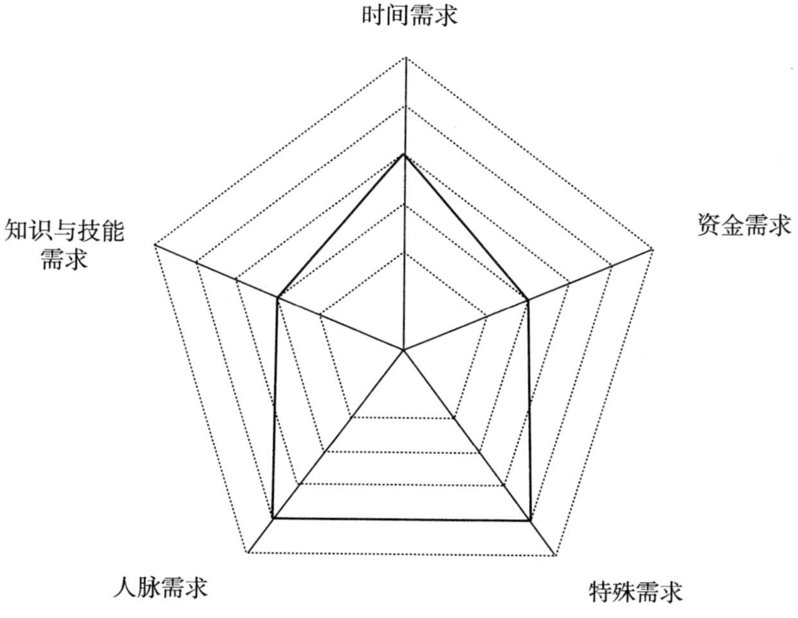

图4-1　五个维度评估网络直播项目

从整体上来看，网络直播的工作要求和限制还是比较少的，属于进入门槛较低的类型。从项目需求情况来看，网络直播有以下几个特点。

维度一：时间需求

网络直播需要占用一定的时间。不过，以网络直播为副业的人，可以根据自己的工作和生活习惯合理规划直播的时间。

维度二：资金需求

网络直播项目几乎不需要任何资金投入，有一部能够上网的手机或电脑就可以了。

维度三：知识与技能需求

从本质上来说，网络直播并不需要什么特别的知识和技能，只要具备基本的网络操作和直播技巧即可。在开启网络直播前，还是需要对一些基本的操作以及“涨粉”的相关知识有所了解。

维度四：人脉需求

人脉是进行网络直播的基础，没有人看的直播是无法持续的。粉丝量的多少，也是关系最终收入的一个决定性因素。只有直播的内容足够吸引人，才能获得更多粉丝的关注，自己的直播才能持续下去。

维度五：特殊需求

直播内容的设计与规划，这是从事网络直播最特殊的一项需求，毕竟我们是要将其作为副业的。更加吸引人的内容，才能吸引更多的粉丝入场，才能获得更高的收入。

2. 做好网络直播的关键因素

进入网络直播行列的门槛很低，但竞争较为激烈。影响进入网络直播项目的因素包括如图4-2所示的几项。

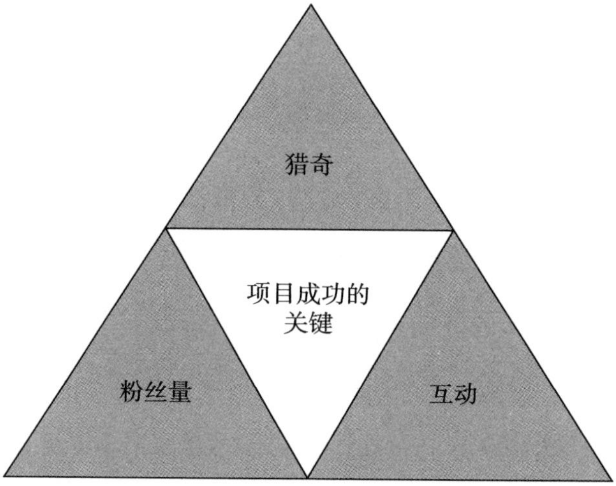

图4-2　做好网络直播的关键因素

第一，猎奇。

网络直播的观众更多的带有一种猎奇的心理，对自己好奇的、不了解的事情特别感兴趣。

第二，互动。

互动是增加粉丝黏合度最有效的一种方式。有人进入直播间，并不意味着会成为粉丝，会持续跟进和关注，增加互动可以有效增加粉丝的黏合度，让更多的观众愿意留在直播间。若能直接关注或者谈及某位粉丝，则更可增强相关粉丝的黏合度，并对其他粉丝产生带动作用。

第三，粉丝量。

粉丝量是衡量直播效果最核心的数据。哪种直播形式能够吸引粉丝，哪些内容能够吸引粉丝等，都需要仔细地研究和分析，并有针对性地不断完善自己的直播。

3. 网络直播涨粉的操作方式

粉丝量是考察网络直播质量的核心指标。在整个直播过程中，只有将各个细节做好，才能真正留住粉丝，提升粉丝的黏合度。

第一，选择合适的直播平台。

能够进行网络直播的平台很多，但各个平台的观众数量、主播数量都有区别。原则上来说，在选择平台时，这些因素都要考虑。

另外，还有一个技术层面的因素也需重点关注，即尽量不要选择延迟高的平台。尽管很多直播平台都宣称可以将延迟控制在3秒以内，但要想提升观众的直播观感，还是应该尽量选择延迟较短的直播平台，比如低于400毫秒，就真的感觉不到卡顿了。

第二，预热引流，增加直播曝光。

直播开播前的预热，也是一个可以增加粉丝热度的方法。比如，直播前预告可以安排福利或抽奖等活动。直播过程中，可以安排与某位“大V”进行连线等，这些方法都可以提高粉丝的热情。

第三，策划脚本，规划流程。

在直播过程中，一些主播常常出现冷场的情况，即不知道该如何往下运行直播内容了。其实，这是没有做好直播脚本的缘故。

一个好的主播，在直播前肯定会对整个直播过程进行规划。每个环节如何说，如何互动，遇到突发情况该如何处理，这都是需要事先安排和计划好的。

同时，直播前，需要将每次直播的主题确定好，并围绕这一主题设计具体的内容。

第四，巧妙设计互动环节。

直播与录播相比，最大的优势就在于可以互动。因此，巧妙地安排互动，可以极大地提升粉丝黏合度。特别是设置一些选择性的问题，都可以提升粉丝参与的热情。

第五，增加抽奖环节，引爆粉丝热情。

抽奖是最能引爆粉丝热情的方式。设置一些能够吸引粉丝兴趣的、实用的物品，不拿对粉丝毫无用处的物品作为奖品是非常必要的。

二、声音副业：听书趋势不可阻挡

与看书相比，很多人更愿意听书，特别是很多家长越来越重视对孩子视力的保护，为了减少孩子看屏幕和书本的时间，尽可能多地选择了“听书”这种学习方式。因此，以喜马拉雅为代表的音频分享平台获得了较快的发展。随着音频市场的发展，市场对声音创作的需求也在逐渐增加。为市场已有图书配音，做声音主播，成为很多人副业的又一选择。

小美是一家企业的行政文员，工作相对比较稳定，而且比较清闲。公司的福利待遇很好，但工资并不是很高。

小美在公司也是一个活跃分子，平时喜欢唱唱歌。由于她嗓音比较甜美，因而公司组织活动时，她常常扮演主持人的角色。

有一次，她的一个朋友自己编了一些小故事，让她帮忙录成了音频，放到了喜马拉雅平台上。没想到的是，由于她的声音感觉非常好，她朋友发布的故事成了一个热门品种，播放次数大幅攀升。

她朋友不断地鼓励小美到喜马拉雅听书小程序上找个录音的兼职，并不是为了赚多少钱，而是让她的价值发挥最大化。小美也觉得这是一个不错的主意，于是在喜马拉雅注册了一个账号，正式开启了声音创作之旅。

账号注册成功后，她先是发布了几个自己之前的音频作品。其后，通过不断地发布作品，不断地练习，她顺利通过了主播认证，开始了自己的接单配音之路。

接了几单下来，发现尽管没有赚到多少钱，但整体感觉还是非常不错的。通过做声音主播，不仅能够赚些钱，还能不断地学习新的知识，可谓一举两得。

声音主播项目，本质上也属于典型的创作形式。一方面，声音主播可以将自己录制的音频文件放到音频平台播放，获得流量收入；另一方面，也可以按照相关方的需求，为这些有音频需求的人录制音频文件获得收入。

目前，影响力较大的音频平台包括喜马拉雅、懒人听书、荔枝FM、蜻蜓FM、企鹅FM、配音秀等。

1. 项目评估及适用人群

声音主播项目对人天生的音质是有一定要求的，一般来说，比较有特点的声音、甜美的声音，更容易获得成功。声音主播项目也可以从以下五个维度进行分析，如图4-3所示。

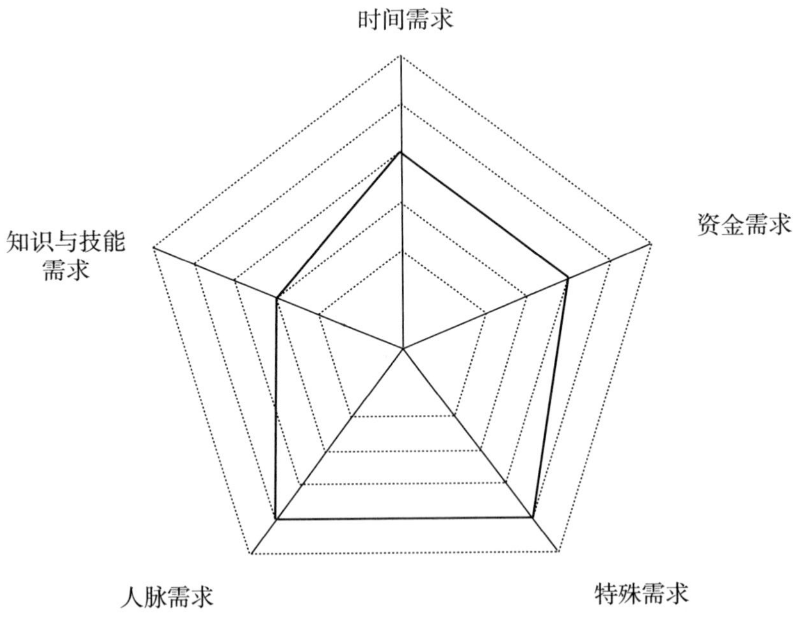

图4-3　五个维度评估声音主播项目

从整体上来看，声音主播项目的门槛不高，只是有声音这一特殊的需求。从项目需求情况来看，声音主播有以下几个特点。

维度一：时间需求

声音主播项目需要占用一定的时间。不过，以声音主播项目为副业的人，可以根据自己的工作和生活习惯，合理规划音频录制与发布的时间。当然，无论何时进行音频文件的录制，都是需要一定的时间，因此，必要的业余和空闲时间是从事声音主播业务的基础。

维度二：资金需求

声音主播项目需要购置部分录音器材，布置录音场地等。既然以声音为主业，自然对声音环境的要求比较高，因此，录音设施中的隔音、降噪等设施都是必不可少的。若想长期从事这一项目，在硬件方面还是要配置好一些，毕竟硬件会影响录音的质量。

维度三：知识与技能需求

声音主播对其他类知识与技能的要求并不高，只要能够将文字内容转化为音频内容即可。但是，主播最好还是对播音的相关知识和技能有所了解和掌握，这样录制的内容会更有竞争力。

维度四：人脉需求

人脉也是进行声音主播项目的基础。粉丝量的多少是关系最终收入的一个决定性因素，只有持续获得更多粉丝的关注，播音项目才能持续下去。

维度五：特殊需求

严格来说，声音主播是有特殊需求的，而且是一项最为核心的特殊需求，即声音。只有声音达标，才能成为声音主播。优质的声音一方面与天生条件有关，另一方面，也在于后天的训练与培养。跟着一些培训课程不断地训练，能够改善音质状况。

2. 做好声音主播的关键因素

进入声音主播行列的门槛不高，但竞争较为激烈。影响进入声音主播项目的因素包括如图4-4所示的几项。

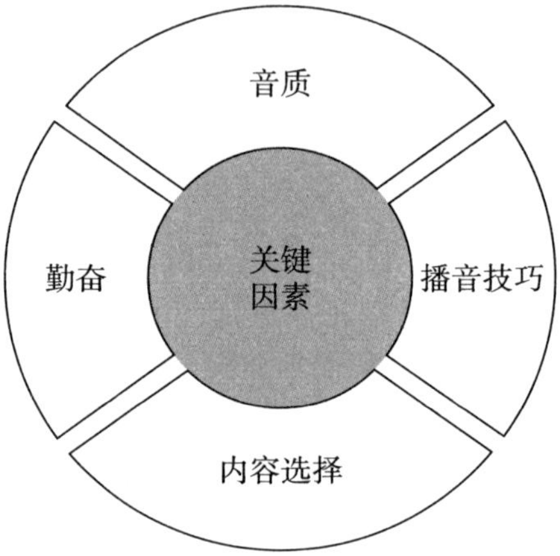

图4-4　做好声音主播的关键因素

第一，音质。

音质是能否成为声音主播的决定性因素，也是能否做好这个副业的最核心的因素。优美的音质肯定更容易获得听众的青睐，这一先天因素，可能会把相当大一部分人挡在该项目的门外。

第二，播音技巧。

即使拥有不错的声音条件，但要成为一个优秀的声音主播，也是有很多技巧需要学习和掌握的。至少一些语句的读法、断句、声调等，需要在熟练应用中提升，因此，学习和掌握播音技巧也是做好这一副业的关键。

第三，内容选择。

不是所有的内容都有人喜欢，有些内容更容易获得大家的欢迎。因此，选择一些听众较多的内容来播音，可能会吸引更多的人成为粉丝。原创的音频是非常重要的，当然，这并不是要你重新写一些脚本来诵读或者配音，可以将别人的文字用自己的话重新解读一下，特别是一些已经进入公版领域的图书，自己的重新解读更为重要。

第四，勤奋。

录音频也是不能偷懒的。想要多挣钱，赢得爆款的机会，只有通过多录制大家感兴趣的图书才有可能。坚持录音，才有成功的希望。

3. 声音副业的操作方式

做声音副业过程中，以下几点需要特别注意。

（1）选择创作的方式。

通常来说，可供选择的模式包括这样几种：其一，完全以内容为核心的创作方式，即为某些图书或故事配音；其二，直接录制有声图书或者自己编有声书；其三，为游戏配音；其四，做声音主播，参与在线直播。当然，这种模式还是需要一定的才艺的，否则很难提升听众的兴趣。

（2）介入的方式。

目前，进入这一领域基本没有什么门槛。当然，除了几个特殊的专业，如医学、养生、财经、法制等类别的知识需要有专业的资质认证，其他领域则没有什么限制，只需要个人身份证和手机，基本就可以完成注册。

（3）声音副业的赚钱方式。

通常来说，以声音为副业的赚钱方式主要包括以下几类。

第一，当听众人数超过一定的数量，就可以获得广告收入，这是自媒体时代比较常见的收入形式。

第二，打赏收入。

一般音频专辑都会开通打赏功能，若有听众打赏，则可获得一定的收入。当然，相对而言，只有那些比较活跃的、有才艺的声音主播，才会获得较多的打赏收入。

第三，录制付费专辑。

当你的专辑或音频广受欢迎时，就可以顺势推出付费专辑，这是最赚钱的方式。

第四，引流变现。

在音频文件中，留下自己的微信或其他联系方式，然后再进行流量变现。比如，扩大自己的粉丝群后，就可以获得一定的广告收入了。

三、游戏代练：用时间换金钱

游戏代练是随着网络游戏兴起而出现的一种新兴业态，从本质上来说，这也是一种用自己的时间换网游玩家时间的工作。在网络游戏设定的世界中，一个角色的成长是要有相当长的过程的，也需经历不断的挑战（比如打怪兽、消灭一些弱小的敌人等），最后才会成长为超级英雄的角色。很多网络游戏玩家既想在网络中成为超级英雄的角色，又苦于没有足够的时间一步一步地打怪升级，因此，替这些玩家打怪升级的工作就产生了。

网络游戏代练，即帮助别的网游玩家打游戏，按照网游玩家们的要求，在指定的时间内帮助他们快速提升游戏角色级别，或者获取高级装备武器，从而得到网游玩家们给付的相应报酬。

小陈是一个游戏发烧友，平时下班后和周末休息时，常常以打游戏消磨时间。为此，家人对其多有意见，小陈也觉得这是一个问题。但由于游戏瘾太大，纠正太难，小陈总是改不了打游戏的“毛病”。

一次好友聚会，小陈和朋友提及打游戏这个问题。他的好友建议他：为何不做做游戏代练，一方面可以满足爱玩游戏的需求，另一方面还可以赚点儿外快，岂不两全其美？

小陈也觉得这是一个不错的主意，于是，他在网上的游戏代练平台申请了一个账号，开启了游戏代练之旅。之后的时间里，每天下班和周末时间，打游戏成了他的“副业”。经过一段时间的“工作”后，他发现这个游戏代练和自己想得还是有些不同的。尽管同样是在打游戏，但现在是工作，需要按照客户的要求完成游戏，这与自己打游戏的感觉还是有差别的。

干了一段时间的“副业”后，小陈发现自己对打游戏也没有先前那么大的瘾了，只是将其看成自己的一项“副业”，一个可以赚外快的兼职。

由于自己先前经常打游戏，而且游戏玩得很好，现在做游戏代练，总体上来说还是比较得心应手的，副业的收入虽然不算多，但也还说得过去。

游戏代练的门槛较低，具备基本的网络应用与操作基础就可以。与游戏代练相似的业务还包括出售网游账号、出售网游装备等。

当然，若是自己平时喜欢打游戏，或者游戏玩得比较好，就更加适合从事这个副业了。

1. 项目评估及适用人群

游戏代练项目也是一个几乎没有职业门槛的工种，不仅可以获得一定的收入，还可以满足自己爱玩游戏的需求。当然，具体是否适合干这个行业，还要从以下五个维度进行分析，如图4-5所示。

从整体上来看，游戏代练的工作要求和限制还是比较少的，属于进入门槛较低的类型。从项目需求情况来看，游戏代练有以下几个特点。

维度一：时间需求

游戏代练需要占用较多的时间，毕竟这是一个要用自己的时间，交换游戏玩家时间的工作。因此，为了快速完成任务，需要利用尽可能多的时间“打怪”。

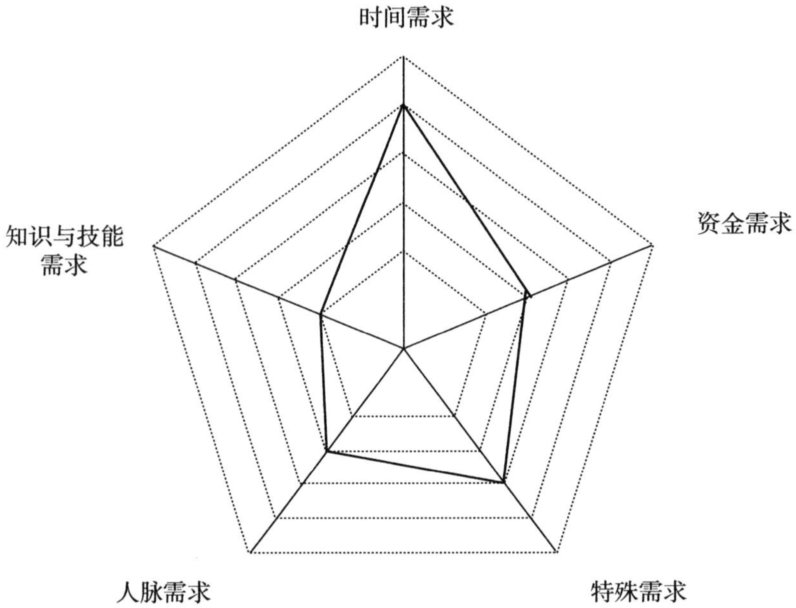

图4-5 五个维度评估游戏代练项目

维度二：资金需求

游戏代练项目需要有一部能够上网的手机或电脑就可以了，所需的资金并不是很多。

维度三：知识与技能需求

游戏代练并不需要什么知识和技能，只要具备基本的网络操作和游戏技巧即可。

维度四：人脉需求

一般来说，游戏代练是不需要多少人脉支持的，但若在这个行业中有一定的人脉，可以让自己少走不少的弯路。

维度五：特殊需求

游戏代练的特殊需求并不多，但若游戏玩得好，肯定可以节约大量的时间，这也是变相提升了工作效率，促使“兼职”收入提高。

2. 做好游戏代练的关键因素

进入游戏代练行列的门槛很低，但竞争较为激烈。影响进入游戏代练项目的因素包括如图4-6所示的几项。

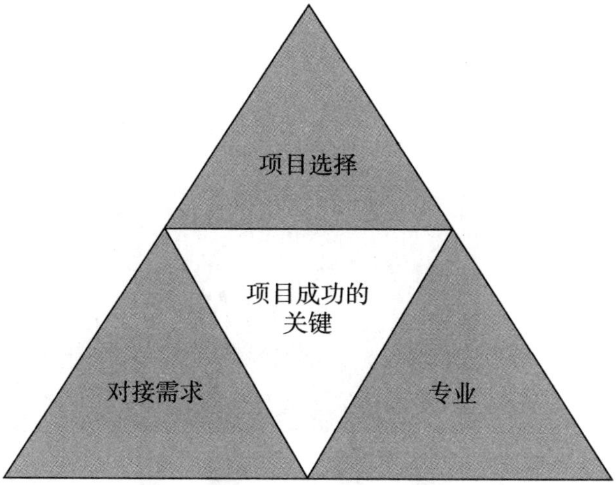

图4-6　做好游戏代练的关键因素

第一，项目选择。

市场上，可供选择代练的游戏种类有很多，这并不意味着随便找一款游戏就行。事实上，每种游戏玩的人数是不一样的，代练需求量也是不同的，所获得的代练报酬也不同。同时，还要考虑自身擅长的领域，毕竟不是所有的游戏项目自己都是擅长的。

第二，专业。

所选的项目一定要是自己非常擅长的项目，要靠自己的专业赢得客户。如果自己手比较生，可以先选一款游戏练起，直到练熟。目前进入代练行业的人很多，不同段位的代练价格是不同的。要想在这个领域内立足，必须确保足够专业和熟练。

第三，对接需求。

对客户的需求必须掌握清楚，包括时间限制、任务需求、质量标准等。

3. 游戏代练的操作方式

以游戏代练为副业，具体操作要点包括如下几项。

第一，选择代练服务网。

目前，市场上有很多针对网络游戏的服务性网站，而代练模块也是这些网站的重要组成部分。如图4-7所示，为某游戏服务网代练功能页面。

图4-7　游戏代练页面

从图4-7中可以看出，该网站的游戏代练板块提供代练服务的几款主要游戏。当然，不同的游戏服务网站所提供的代练游戏可能有所不同，但大体不会有太大的出入，毕竟市面上主流的网游就是那么几种。

选定服务网站后，只需注册填写基本信息即可。当然，在选择网络游戏服务网站时，还要多方搜索相关信息，选择可靠的网站，毕竟还要考虑安全的问题。

第二，选择合适的代练项目。

通过代练服务网站，可以看到各类可以代练的游戏。当然，你也可以发布自己可以代练的广告等。此时，选择的项目一定要是自己所擅长的，且能够在规定时间内达到客户的标准。一般来说，客户会要求：所使用的操作系统、所要达到的段位、任务完成的时间等。

第三，缴纳保证金开始启动项目。

一般来说，各个网络游戏服务网站为了保证游戏玩家的权益，会要求代练缴纳少量的保证金（非常低）。之后，就可以开始代练了。

四、兼职数据标注员：人工智能时代新业务

数据标注员是随着人工智能产业的发展而兴起的一种新兴职业，其主要职责为借助一些数据标注工具，对大量的文本信息、图片信息、语音信息、视频信息进行归类、整理、纠错、标注的工作。

数据标注员并非大家想象的那么“高端、大气、上档次”，事实上，只需掌握基本的电脑操作，即可完成数据标注工作。近几年来，随着人工智能的快速发展，对数据标注的需求量越来越大，因此，市场上出现了很多从事数据标注工作的外包机构，这些数据外包机构会聘用大量兼职或全职的数据标注人员来完成标注工作。

小新是一家公司的小职员，平时工作比较清闲，只是工资不高。小新想要换个工作，又担心经济大环境不好，很难找到称心如意的工作。

在刷朋友圈的时候，发现有一个朋友所在的企业招聘兼职数据标注员。当时一听这个名字，就感觉自己非计算机专业毕业，肯定没戏。不过，往下看了看职位要求，发现只对基础的电脑操作有一定的要求，其他方面则没有特别明确的要求。

于是，他抱着试试看的态度，与这个朋友聊了聊。从朋友的口中了解了一些关于数据标注的知识，他发现这个活儿并不困难，最主要的是这个活可以在家里完成，而且是按完成的任务量结算报酬的。兼职数据标注收入虽然不是很多，但也可以补贴一下自己的开销。

兼职数据标注员的门槛较低，具备基本的网络应用与操作基础就可以。与兼职数据标注员相似的业务还包括网络信息审核员等。在网络时代，这些都属于典型的基础操作层工作，需要投入一定的时间和精力，但工作基本没有难度。

1. 项目评估及适用人群

兼职数据标注员也是一个几乎没有职业门槛的工种，只需要付出一定的时间，就可以获得一定的收入，属于较为理想的“副业”。当然，具体是否适合干这个行业，还要从以下五个维度进行分析，如图4-8所示。

从整体上来看，兼职数据标注员的工作要求和限制还是比较少的，属于进入门槛较低的类型。从项目需求情况来看，兼职数据标注员有以下几个特点。

维度一：时间需求

兼职数据标注员需要占用较多的时间。毕竟这是一个需要用时间积累来换成果的工作，对时间的占用还是比较高。但与其他高耗时的工作相比，兼职数据标注员可以自行安排时间，而且是多劳多得。

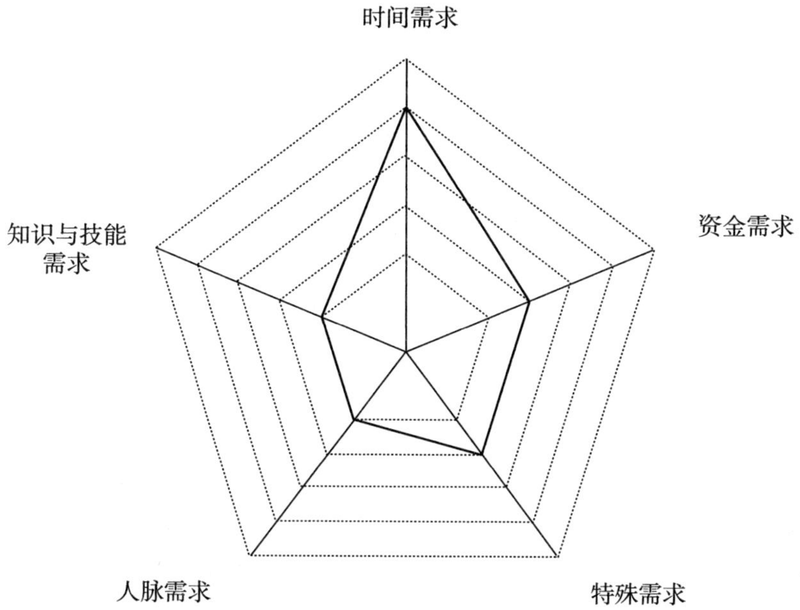

图4-8　五个维度评估兼职数据标注员项目

维度二：资金需求

兼职数据标注员只需要有一台能够上网的电脑就可以了，所需的资金并不是很多。

维度三：知识与技能需求

兼职数据标注员并不需要什么知识和技能，只要具备基本的网络操作能力即可。

维度四：人脉需求

一般来说，兼职数据标注员是不需要多少人脉支持的，但若在这个行业中有一定的人脉，可以让自己少走不少的弯路。

维度五：特殊需求

兼职数据标注员的特殊需求并不多，但做事需要细心、耐心，能够坐得住。

2. 做好兼职数据标注员的关键因素

进入兼职数据标注员行列的门槛很低，但竞争较为激烈。影响进入兼职数据标注员项目的因素包括如图4-9所示的几项。

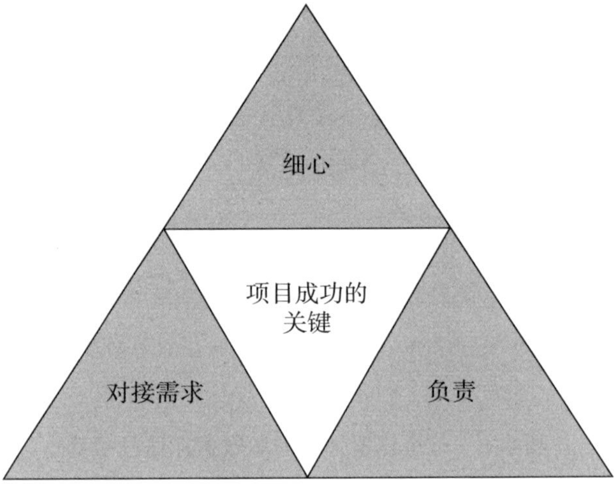

图4-9 做好兼职数据标注员的关键因素

第一，细心。

数据标注员需要对大量的图片、文字等信息进行标注，因而工作细心是最核心的要求。做事情要足够细心，才能胜任这一工作。

第二，负责。

数据标注员每天需要处理的信息量极为庞大，需要标注的数据也非常庞大。能否对涉及的数据进行准确的归类、整理、标注是能否做好这一工作的关键。若缺乏负责的精神，工作效果必然大打折扣。

第三，对接需求。

对于客户的需求必须掌握清楚，包括时间限制、任务需求、质量标准等，这是所有兼职工作启动前都必须明确的。

3. 兼职数据标注员的发包方选择

目前，能够提供数据标注员工作的机构主要包括两类：其一，专业的数据标注机构；其二，各类人工智能企业。

相对而言，各类人工智能企业提供的兼职岗位安全性更好，不过要求可能会更高，尤其是对兼职工作时数的要求可能会更高，个人能够自由掌控的时间相对较少。专业的数据标注机构，则是将各大人工智能企业的数据标准业务承包过来，再寻找兼职的数据标注员。这类机构需要的人员较多，但此类企业鱼龙混杂，不可避免地会有一些机构以招聘兼职数据标注员为幌子行骗钱之实。因此，想要从事这类工作的人，需要擦亮眼睛，避免上当受骗。

第五章

新时代，新销售

新兴销售形式，是与传统的销售模式相区别的，在新兴的网络技术、自媒体行业发展的背景下，产生的新兴销售形式。包括依据网络直播、自媒体以及电商平台产生的销售模式。

一、直播带货：与网络直播伴生的新销售

直播带货是伴随网络直播兴起的一种新的销售模式。最近几年来，受疫情的影响，传统零售业态受到了较大的冲击，而直播带货则成了传统零售业态的一种补充。目前，拥有很多粉丝的直播“大V”，纷纷开启了直播带货模式。

直播带货基本不需要什么门槛，可以作为很多人的一个副业，当然，收入多少就要看具体的带货业绩了。

陈震是一家上市公司的白领，平时工资收入也还可以，可他对一些新鲜事物总是充满了好奇，也比较喜欢尝试新的东西。在网络直播比较火的时候，他也开了一个直播账号，尝试做了一些直播活动，但主要是为了娱乐。

后来，他的直播间逐渐火了起来，虽然没有那些“大V”的粉丝多，但也过了10万粉丝这一门槛。

直播带货兴起后，他也加入了直播带货战队。尽管没有“大V”那么耀眼的战绩，但每天也有不错的收益。这让他非常开心，毕竟这只是他的一个副业。

与网络直播相似，直播带货的门槛较低，但做好很困难。同时，直播带货涉及的领域非常多，包括各类商品、农产品、服务、旅游景点等。总之，

没有什么是直播带货不能做的。

1. 项目评估及适用人群

直播带货项目几乎可以作为所有人的兼职选择。直播带货不仅可以获得一定的收入，还可以培养自己与外界交流、沟通的能力。当然，具体是否适合干这个行业，还要从以下五个维度进行分析，如图5-1所示。

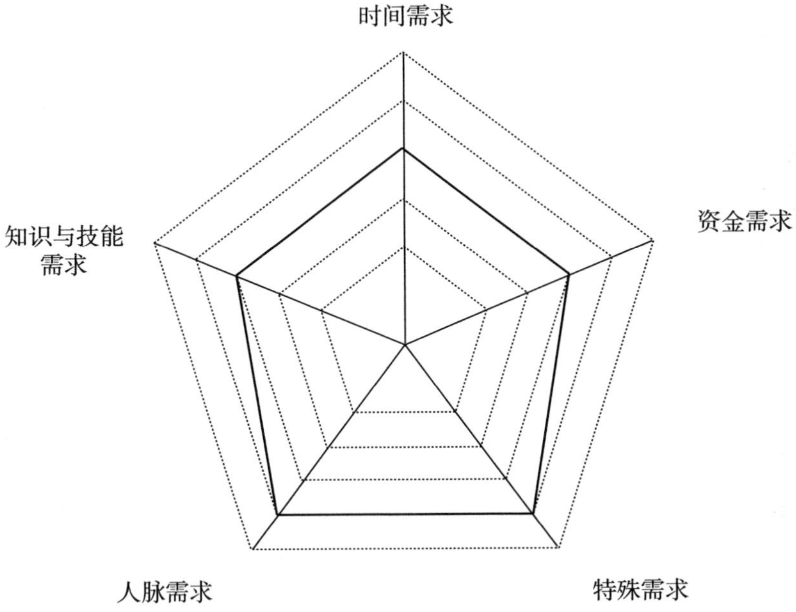

图5-1　五个维度评估直播带货项目

从整体上来看，直播带货的工作要求和限制还是比较少的，属于进入门槛较低的类型。从项目需求情况来看，直播带货有以下几个特点。

维度一：时间需求

直播带货需要占用一定的时间。不过，以直播带货为副业的人，可以根据自己的工作和生活习惯合理规划直播的时间。

维度二：资金需求

直播带货项目需要有一部能够上网的手机或电脑就可以了。但要做好直播，还需要有一个直播间，对直播间进行一些简单的布置，购置灯光等设施设备，这都需要一定的资金。

维度三：知识与技能需求

从本质上来说，直播带货并不需要什么知识和技能，只要具备基本的网络操作和直播技巧即可。但在开启直播带货前，还是需要对一些基本的操作、涨粉相关知识、销售技巧有所了解和学习。同时，对直播销售商品的特性、应用等相关知识也需要了然于胸，否则在直播过程中很容易遇到“卡壳”情况。

维度四：人脉需求

人脉是进行直播带货的基础，没有人看的直播是无法持续的。粉丝量多少，也是关系最终收入的一个决定性因素。只有直播的内容足够吸引人，才能获得更多粉丝的关注，自己的直播才能推进下去。

维度五：特殊需求

与网络直播相比，直播带货的特殊需求更多，不仅要求对直播内容进行规划和设计，还需要将直播的内容与销售的产品相互关联。关联越紧密，效果就越好。

2. 做好直播带货的关键因素

进入直播带货行列的门槛很低，但竞争较为激烈。影响直播带货效果的因素包括如图5-2所示的几项。

第一，吸引粉丝。

吸引粉丝是直播带货的第一步。没有足够的粉丝，也就失去了带货的基础。毕竟，带货的销售对象就是这些粉丝。网络直播中关于增加粉丝量的方

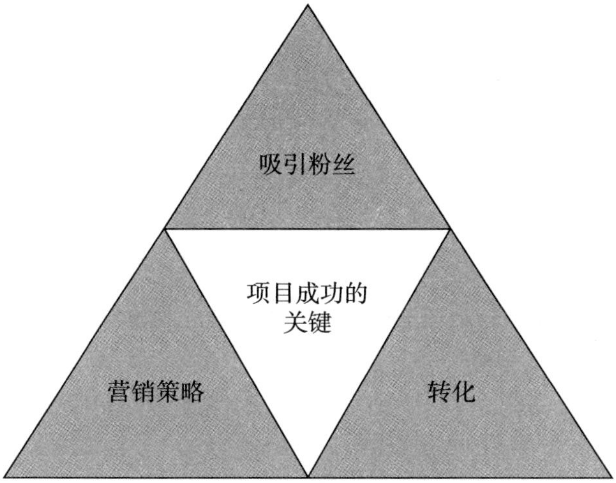

图5-2　做好直播带货项目的关键因素

法，同样适用于直播带货。

第二，转化。

销售转化是直播带货的核心环节。每个直播展示环节结束后，如何自然地切换至销售环节，是需要事先规划的。如先进行产品展示、示范核心功能后，最后带出秒杀的链接，这就是一种销售转化活动。

第三，营销策略。

营销策略的选择和使用，也是关系整个直播带货效果的关键因素。比如，有人喜欢请明星或“大V”坐镇，有的人喜欢用低价限量秒杀的方式来推动销量，有的人喜欢使用盲盒或抽奖的方式助推销售等。

3. 直播带货的操作方式

销售量是考验直播带货的核心指标。在整个直播过程中，只有将各个细节做好，才能真正吸引粉丝，提升销售量。

（1）直播前的准备。

启动直播前，各项准备工作是必不可少的，具体包括如下。

第一，选择带货的产品。目前，很多直播平台都提供了很多可供选择的带货产品。当然，主播也可以自主选择带货产品。但在选择产品时，并不是佣金越高越好，还要考虑自己直播的特色与产品的匹配程度、产品本身的质量情况（不能砸自己的牌子）等。

第二，设计直播的脚本。直播过程中，每个环节如何操作，如何互动，如何切换至销售等，直播全过程都需要仔细规划设计。

第三，直播间的布置与设计。特别是直播货品的摆放、主播位置以及直播过程中货品的展示安排等，都需要提前规划。

第四，提前预告。开启直播前，必须要进行相关的预热或预告，不能直接开播，以免遇冷。预告时，要尽量将可能提供的福利以及优惠措施宣传出去。

（2）直播带货注意的要点。

直播时要重点关注两点：其一是提升直播的效果，其二是销售转化的问题。

第一，互动是提升直播效果的关键，这在网络直播章节中有所提及，这里也是如此。主播需要通过设计互动环节来提升粉丝的黏合度。

第二，调动粉丝的情绪，包括一些小笑话、小段子，这样可以极大地提升直播间的人气，调动直播间内粉丝的情绪。

第三，合理设计销售转化环节，即在产品展示结束后，能够非常自然地切换至商品销售环节。

第四，必须严格遵守直播的各项规范，否则会被封号，那样就得不偿失了。

（3）直播后的复盘。

直播结束后，不要忙着安排发货，而要及时进行复盘。复盘的内容包括用户活跃度、直播间转粉率、直播数据分析等内容。

二、软文带货：副业中的“明星”，真正的“一箭双雕”

每年高考之后，网络上常常会掀起传授高考经验的热潮。其实，天下没有完全相同的两个人，让一个人成功的经验，未必适合每个人，高考经验也是如此。但仍有很多家有高考子女的父母还是希望能了解一点儿别人的经验，好像自己的孩子学了别人的经验，就可以取得和别人一样的成绩。正因如此，很多家长都希望自己的子女能够学习、借鉴这些高考牛人的经验。

于是，网络上一篇接一篇介绍高考成功经验的文章被转发、被传阅。其中一些文章就比较另类了。

先是一个题目直接吸引你的眼球：“某某（高考成绩优秀者），是如何炼成的？”接着，介绍该高考牛人的战绩，比如语文多少分、数学多少分，其后，也会谈及一些家庭背景。然后，文章会重点详细介绍其成功的经验，比如，平时喜欢做哪种类型的试题或者看某类书籍等。

正当你认为这篇文章是在介绍考生高考成功经验时，文章的末尾直接附上了某一系列高考试题的链接。潜台词就是告诉你：这个高考牛人之所以牛，就是因为做了这些题目，因此，要想让你的孩子也成为“牛娃”，也需要购买一套这样的试题。

其实，这就是典型的软文带货。一篇成功的带货软文，若能实现10万以上的阅读量，销售数量的提升也有望达到这一数字。因此，目前很多人将软文带货当成了一种重要的兼职，甚至有人将其做成了“主业”。

目前，比较适合软文带货的领域主要包括教育（含图书、课程）、健康、美容、服装、美食等。一般来说，单品价值要相对低一些，这样阅读软文的读者才无须花费过多的时间进行比价、思考与甄选。

1. 项目评估及适用人群

对于软文带货项目的评估，主要从以下五个维度进行，如图5-3所示。

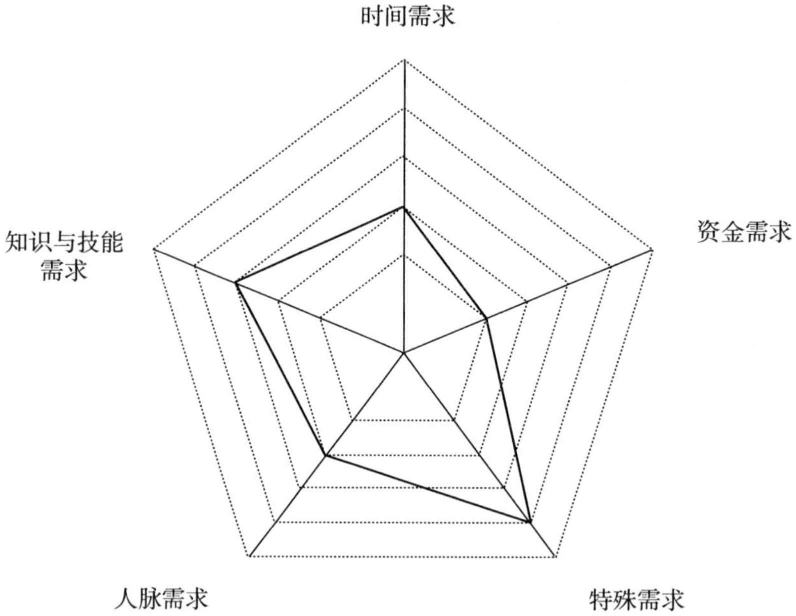

图5-3　五个维度评估软文带货项目

从项目需求情况来看，软文带货有以下几个特点。

维度一：时间需求

软文带货项目需要付出的时间相对并不多，其中写作软文耗费的时间是最多的。其次是寻找合适的带货品种、带货厂商或带货平台，这也需要一定的时间。除了软文写作，其他方面所需的时间，都会随着介入该领域的时间的增长而逐渐压缩，这样，一些上班族都可以利用业余时间操作。

维度二：资金需求

软文带货带的都是商品链接，因而并不需要投入资金。一般来说，只要有手机，能上网，就可以进行软文带货操作。

维度三：知识与技能需求

从严格意义上来说，只要具备一定的文字写作基础，对所销售的商品特性有一定的了解，就可以进行软文带货。当然，能带出多少量，就要看个人的水平了。总之，在知识与技能需求方面，其要求是很低的，基本上无须特别的培训或训练就能完成。

维度四：人脉需求

粉丝量高的人，可以获得更多的转发量和更多的销售量。但从软文带货这个项目本身来看，其实没有人脉也是可以操作的，只要你的软文质量足够高，完全可以弥补人脉资源不足的问题。

维度五：特殊需求

这里的特殊需求指的是要将软文带货做好、做到一定水准所需要的特殊资源。在实际操作过程中，软文带货的效果差距是非常明显的，有些人带货的销售量极高，有些人却连续0输出，其中最主要的差距在于软文的质量。换句话说，软文写作的质量，是关系整个带货成功与否的关键，也是这个兼职项目能否坚持下去或者发展壮大的根本。

2. 软文带货成功的关键

软文带货不同于常规的销售或者发个广告链接，因而其操作也是需要一定的技术和策划能力的，如图5-4所示。

第一，能够吸引目标受众的文章名称。

给你的软文起个好名字，软文创作也就成功了一半。带货所需的软文与其他文章有很大不同。这类文章并不需要吸引所有人的关注，而是要找到特

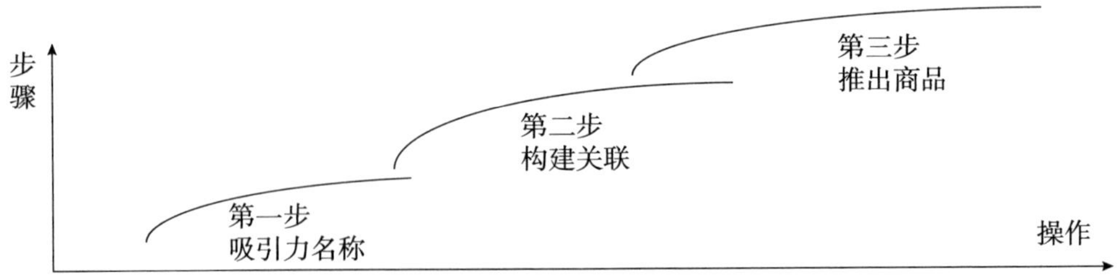

图5-4 软文带货成功的关键

定的目标受众。比如，前面提及的案例中的高考试题销售软文，就是将目标受众指向了所有考生的家长，特别是高中学生的家长。

越是考生的家长，越对高考产生更大的关注，也就更加关注这些高考成绩优秀者的培养。从这些家长的角度来看，阅读软文本身就是希望通过了解这些高考成绩优秀者的学习过程，为自己培养孩子提供有益的借鉴，所以很多家长在看到这个标题后，就会不自觉地点进去看。

第二，通过心理暗示，构建销售产品与软文主旨的联系。

这是软文带货成功的第二个关键要素，也是软文带货成功与否最为重要的一个环节。很多人软文带货没有任何业绩，就是在这个环节出了问题，甚至是根本没有考虑到这个问题。既然是软文，就不能简单地介绍产品的功能、优点等，而是要通过心理暗示的方式，让读者感觉到买了你推荐的商品能带来哪些好处。这些好处是什么？最好就是你软文标题中强调的内容，就是吸引他点击观看的内容。

还以之前的高考试题销售软文为例进行说明。

首先，顺序展开文章的标题与主旨。虽然前面有很多铺垫性的内容，如广泛地阅读、喜欢关心时事，然后亮出核心观点，告诉家长读者这个学生之所以能够考出好成绩，就是因为做了很多试题，而且是质量很高、经过多位名师推荐或精选的试题。接着，郑重其事地推出自己带货的高考试题。

在介绍高考试题过程中，目的就是在高考试题与好成绩之间构建一种联系，让家长读者产生一种购买这套试题，孩子做了之后就能考出好成绩的感觉。当然，文章中没有直接说考生做了这些试题肯定能考上好学校，事实上也不可能。但是软文就是通过构建这种联系，让读者产生这样的感觉，或者产生“即使考不上，也会提升一大截成绩”的感觉。

至此，这个软文基本上就成功了。

第三，隆重推出商品链接。

相对于整篇软文来说，这是最后一个步骤，也是决定能否成交和带货是否成功的一个步骤。不过，这个步骤的重要性却远远低于前面两个环节。前两个环节做好了，读者点击商品链接就应该是水到渠成的。同时，推出商品链接与之前的环节要做到衔接自然，而且推荐的商品价格不能明显高于市场价。毕竟现在很多商品的价格都比较透明，软文带货不能卖一些高于市场价格的商品，否则就可能为别人做了嫁衣，这一点后面还要重点强调。

3. 软文带货核心的操作环节

软文带货操作环节需要重点关注以下几个方面。

（1）带货商品的来源地。

目前，能够提供带货商品的厂家和商家极多。几大头部电商平台都开放了这种可以带货的链接，如京东、淘宝、当当等。比如，你想要推广京东商城的某一商品，就可以在京东主界面的底部区域（最下方）找到【京东联盟】选项，点击进入（需要注册，也可以使用京东平台注册的用户名），然后，系统就会切换至【京东联盟】页面，如图5-5所示。

从图5-5中，可以选择想要推广的项目，包括商品、店铺等。若选择商品推广，右侧就会给出一些商品的推荐链接。点击【一键领链】，系统就会弹出相关链接的对话框，如图5-6所示。

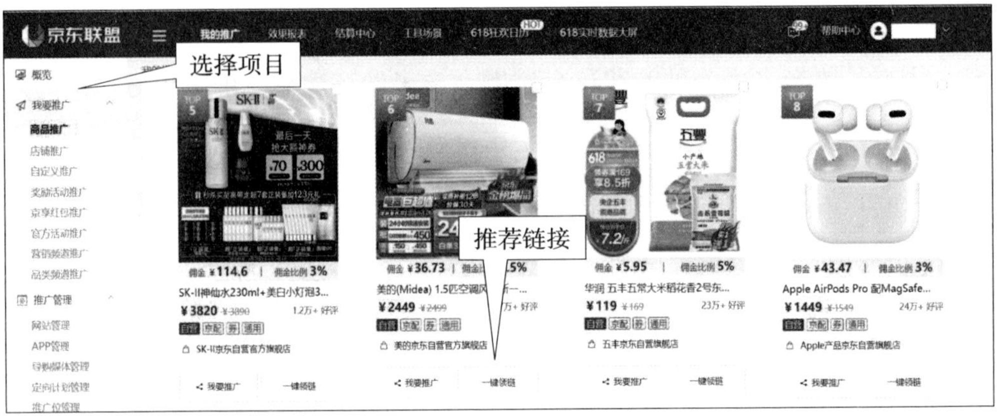

图5-5 【京东联盟】界面

图5-6 【推广链接】页面

图5-6中给出了具体的推广链接和优惠券链接。当你发软文时，在文章输入结束后，就可以将这些链接加入文章后面（每个发布平台都有夹带链接的功能）。同时，还能看到推广该产品可以获得的佣金收入。不同的商品佣金也有所不同，比如图5-6中的美的空调，佣金比例为1.5%。

（2）甄选带货商品的来源地。

前面介绍过，可供选择的带货商品来源地很多。只要你的软文足够好，阅读量足够高，很多平台都可以成为理想的带货商品来源地。不过，我们在带货时，还是要有所考虑和取舍。

首先，带货的佣金。不同的平台，即使是相同的产品，佣金也可能不同。同等情况下，肯定大家要选择佣金最高的。在相同的平台，销量不同的同类商品，带货的佣金水平也可能存在一定的差异。一般销量越靠前的商品，佣金水平可能会越低；越是冷门商品，佣金会越高。当然，冷门商品的销售难度也比较高。

其次，商品销售平台。软文带货也要考虑各个销售平台的影响力问题。有些平台给的佣金可能很高，但若读者不认可这个平台，带货效果肯定也不行。这就等于通过你的宣传，读者已经想要购买了，最后却选择从其他更熟悉的平台购买了产品，那你就亏大了。毕竟自己的佣金收入除了佣金比例外，还有销量这一更为关键的系数。

总之，像京东、淘宝等头部电商的口碑相对较好，消费者也更愿意在这些平台购物，也就更容易成为带货的首选平台。

（3）选择带货的商品。

市场上可供选择的带货商品很多，而且单价越高的商品，佣金额度也越高。但我们是不能挨个商品写带货软文的，必须要有所选择和取舍。同时，还要理清一个思路，不是带货数量越多收入越高，而是销量越高收入才会越高。这也就意味着，在操作软文带货时，要尽量选择自己擅长的领域。某一类商品，自己能够策划一篇不错的软文，那就可以选择这种品类的商品进行带货操作。

（4）软文分发渠道。

软文发布平台大致可以分为三类，如图5-7所示。

第一，个人社交媒体，包括微信、QQ等。这是完全依赖个人人脉进行商品推广的模式，对个人人际网络有较高的要求。对于多数从事兼职的人来

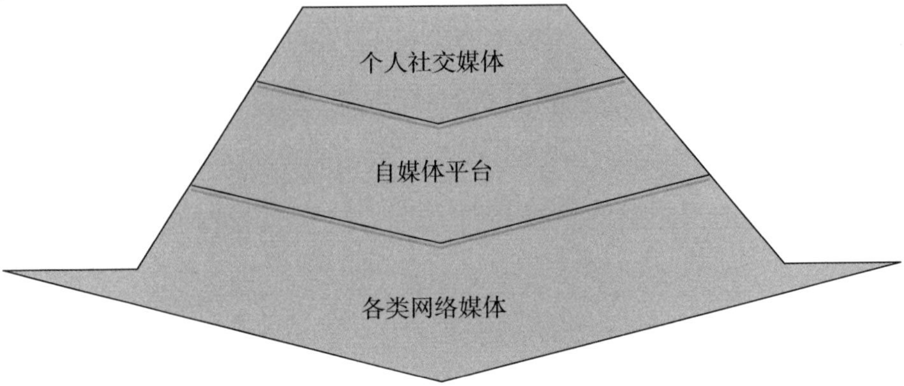

图5-7 软文分发平台类别

说，这种平台的效果比较一般。

第二，自媒体平台，包括头条号、百家号、大鱼号、企鹅号（微信公众号）、知乎、抖音等。这些平台都已经积累了相当大的用户群，只要内容以及标题设置足够有吸引力，就可以获得不错的点击量和阅读量。目前，自媒体平台全部面向普通人开放注册，每个人都可以注册成为作者，发布相关文章。不过，每家自媒体平台的发文规则都不一样，对软文的要求和容忍度也不一样。有些自媒体平台虽然可以夹带商品推广链接，但文中对广告用语还是有一定限制和要求的。

第三，各类网络媒体，包括网易、搜狐、腾讯等门户网站，以及各类行业垂直媒体，如育儿网站、体育网站等。相对而言，在这类媒体平台发布软文难度系数较高，若没有获得推荐，很难有较高的关注。

三、课程分销：先谈“收益”再谈“销售”

随着互联网的普及，特别是智能手机行业的发展，在线教育行业取得了长足的发展。原本很多为少数人定制的课程，开始以在线课程的方式走进

“千家万户”。最近两年，受疫情的影响，很多线下课程无法进行，在线教育更是成功弥补了传统课程的“空缺”。相比传统线下课程，在线课程的授课方式更加灵活多样，形式也比较多样，学习者还可以根据个人时间自行安排学习进度，这都十分有利于在线课程的推广。于是，一种新的职业，也可以称之为“副业”的行业悄然诞生，即课程分销。

王女士是一个全职妈妈。为了提升孩子的成绩，就给孩子报了几个网上课程。在学习过程中，可以明显感觉到孩子的进步。于是，她将孩子进步的点点滴滴都记录下来，并发布到个人的微信朋友圈。

她的一些朋友和孩子同学的父母关注到她家孩子的进步后，也开始向她询问报名的课程，以及学习方面的一些问题。渐渐地，她成了其他学生家长和朋友们的“专家”，大家有什么学习方面的问题都来找她探讨。

于是，她发现了一个做“副业”的好机会：在网上课程平台注册成为分销商，再将这些课程的链接放到朋友圈，她就可以拿到这些课程的销售佣金。同时，她利用自己掌握的知识，建立了一个课程群，尽可能地帮助一起报课的家长共同学习。

长期持续下来，由于自己的口碑不错，很多先前报课的家长又将她的课程链接转发出去，这样她的“副业”也就越做越大了。

其实，这就是典型的课程分销。目前，各大课程分销平台都在招揽课程分销商，并为分销商提供较高的佣金。可以这样说，若课程分销做得好，其收入可能会比“主业”的收入还要高。

目前，能够进行分销的课程领域较多，包括成人教育类课程、个人成长类课程、职业技能类课程、健康养生类课程等。

1. 项目评估及适用人群

从某种意义上来看，课程分销可能取得很高的收益，但对于参与者也有一定的要求。对于课程分销项目的评估，主要从以下五个维度进行，如图5-8所示。

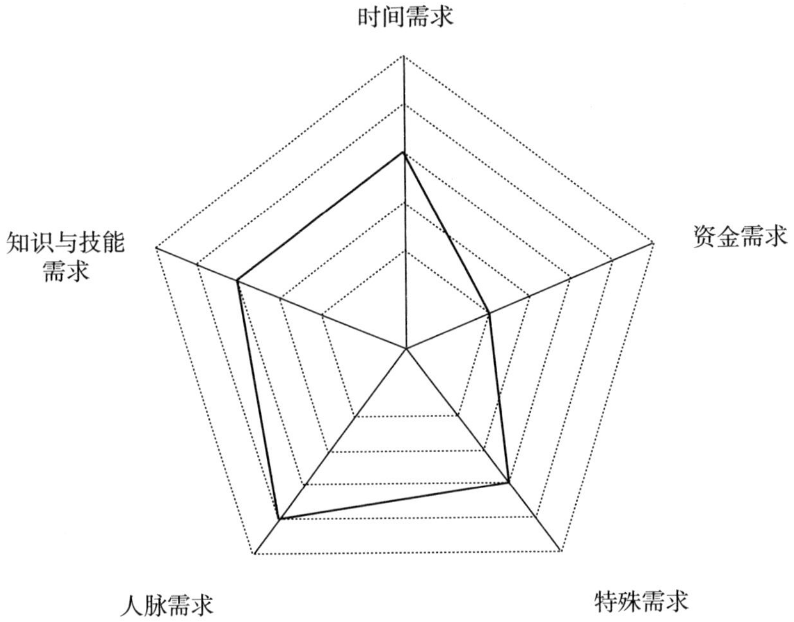

图5-8　五个维度评估课程分销项目

从项目需求情况来看，课程分销有以下几个特点。

维度一：时间需求

课程分销项目本身并不需要占用个人过多的时间，简单到只需将课程分销链接转发出去即可。但要将这个“副业”做好，还是需要付出很多时间的。一般来讲，分销课程时，需要吸引新的“顾客”，这就需要分销者能够提供足够的值得购买的“证据”，提供“证据”就需要时间。同时，维护这些“顾客”，回答这些顾客的提问，也需要很多的时间。

总之，想要将这个项目做好，还是需要付出较多时间的。

维度二：资金需求

与软文带货相似，分销课程使用的都是商品链接，因而并不需要投入什么资金。一般来说，只要有手机，能上网，就可以进行课程分销。如果你想让自己的分销获得更大成功，还可以搞点儿直播，这就需要投入一些资金了。

总之，从项目本身来看，所需要的资金并不高，在这方面也没有什么门槛。

维度三：知识与技能需求

作为课程分销商，肯定需要具有一定的知识和技能。只有自身能让“顾客”感到“专业”，自己的销售才会获得成功。因此，不断地学习，不断地总结，也是这个项目成功不可或缺的一个要素。

当然，这并不意味着这个项目本身需要有多高的知识门槛。再多的知识与技能，都是可以通过学习掌握的，没有太大的难度，只要有一颗热爱学习的心就足够了。

维度四：人脉需求

粉丝量高的人，可以获得更多的转发量和更多的销售量。从课程分销项目来看，人脉资源是关系到项目成败的一个关键因素。因此，努力拓展自己的人脉资源，扩充自己的朋友圈，建立属于自己的微信群，这些对于分销课程都是必不可少的。

维度五：特殊需求

课程分销肯定不会像软文带货那样，需要很高质量的文字驾驭能力。但是，在很多方面，包括发朋友圈、回答“顾客”问题时，还是需要掌握一定的服务技巧。

2. 课程分销成功的关键因素

课程分销不等同于常规的销售或者发个购买链接，其操作也是需要一定的技术和策划能力的，如图5-9所示。

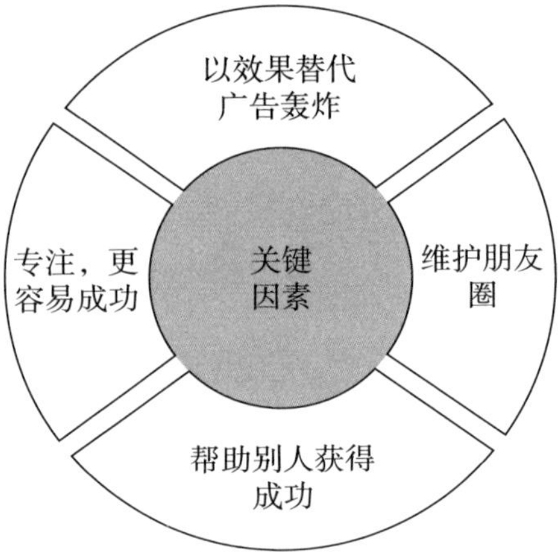

图5-9 课程分销成功的关键因素

第一，以效果替代广告轰炸。

课程分销本质上是在利用微信、QQ等社交媒体进行宣传和销售，销售凭借的关系主体为朋友关系。如果你的销售方式是每天不停地在朋友圈发一些课程链接，那么，用不了多久，你可能也就没有朋友了（被人家拉黑了）。没有人愿意长时间被动地接受广告轰炸。

前面介绍案例中的王女士，其最成功的一条经验就是，利用分享自己孩子每天的成长和进步来反衬课程的效果。王女士没有宣传课程有多好，但是孩子每天都有进步，这其实就是最好的宣传。

第二，用心维护朋友圈、客户群。

很多购买课程的顾客，都有成为“二次购买”顾客或者帮助转发销售链接的人。同时，扩展自己销售业绩的方法也只有一条路，即不断地扩大自己的朋友圈、客户群。由此可以看出，时时关注你的客户，用心维护客户群，就是你必须要做的事。很多人选择按照你提供的销售链接购买课程，其实就是对你的信任，大家也绝对不要辜负这种信任。

当然，针对客户的朋友圈、客户群，可能要回答或者应对的并不一定都是关于课程的问题，有些人也可能会将生活中的问题拿过来。回答这些问题，有时候是需要消耗很多精力和时间的，但千万不可因与课程无关而将顾客打发走。大家需要清楚，这是你的顾客提出的问题，他是基于信任才来求助的。拒绝这些问题，实质上就是在拒绝客户。

第三，帮助别人成功，自己会更成功。

分销课程本身就是在销售知识或技能，购买课程的人大都是为了获得个人知识与技能的提升。因此，当你的朋友圈常常发一些购买课程的人的成功案例或者发生的某种改变，那么，无疑将会有利于课程的销售。

第四，专注于某一领域更容易成功。

目前，很多课程分销平台都提供了内容非常丰富的课程，但这并不意味着作为分销商可以什么课程都代理。作为分销商，最好的代理模式就是不要给人一种在代理销售课程的感觉。将所有的精力集中于某一类课程（专门跟踪某个培训师的课程更好），然后加上自己的链接和建立的客户群，也就更容易把课程销售出去。

3. 课程分销核心的操作环节

课程分销操作需要重点关注以下几个环节。

（1）选择课程分销平台。

目前，可能提供课程分销的机构主要包括两类：其一，课程开发商，即专门的课程开发机构；其二，专门的课程分销平台。一般来说，代理课程分销平台的课程，相对可能更容易一些，毕竟这些课程平台提供的课程更多，可供选择的余地也大。目前，比较知名的课程分销平台包括小鹅通、有赞、荔枝微课、千聊、喜马拉雅、网易云课堂、向日葵妈妈学院等。比如，你想成为荔枝微课的课程分销商，就可以直接进入【荔枝微课】页面的【我要合作】，如图5-10所示。

图5-10 【荔枝微课】合作界面

从目前课程分销平台提供的佣金比例来看，佣金比例普遍较高，但也从侧面说明课程分销工作的难度。

从个人的角度来看，只要有足够的人脉网络，包括粉丝和朋友圈客户，也可以选择代理多个平台的相似课程，当然，前提是这些课程足够好、足够优秀。要想说服你的顾客，先要说服自己。

（2）分销课程的选择。

不同的课程，分销佣金也是有区别的，但这并不意味着佣金越高就越值得分销。分销某类课程前，需要了解以下几点。

第一，自己对该类课程是否有足够的了解。

第二，自己是否听过这类或者这位培训师的课程。这个课程是否足够吸引自己，进而能够吸引别人。大家要知道，课程分销领域“口碑就是一切”。如果把自己的口碑做砸了，也就无法进行下一步的课程推广了。因此，所选的分销课程，至少从自己的角度来看应该是最优秀的。如果不能说服自己，就无法说服他人。

第三，分销课程以目标对象急需的门类为好，比如教育类课程，除了学科教育外，素质教育类课程也有很大的需求量；养生类课程，随着大家经济条件逐渐改善，越来越多的人关注养生；美妆美容类课程，毕竟爱美之心人皆有之，等等。

四、海外代购："物美"还要"价廉"

随着国内经济的快速发展，越来越多的人将消费目光投向了海外，进口商品的市场越来越大，也有越来越多的人开始尝试"海外代购"这一新兴工作。

海外代购是由代购商或经常出入境的个人帮消费者购买商品。也就是说，有人在海外工作或学习，"顺便"帮助购买一些当地比较便宜的商品。目前，大家从微信朋友圈上经常能够看到有人在做"海外代购"生意。专业代购个人或者单位，无论价值、数量多少，都要依法纳税，否则就是违法行为。

小李是一个日本留学生，在其他高中同学都进入国内各大高校时，她却选择远赴日本求学。尽管去了日本，但也和国内的同学经常有联系。在一次聊天时，她发现国内同学使用的高端手机和笔记本等电子产品的价格要远高于日本。她的同学了解到这种情况后，纷纷向她求助，让其帮忙购买。

一来二去，请她代购的人越来越多，已经不限于原来的高中同学了。她发现这是一个不错的获得收入的机会，通过帮助这些人"代购"商品，自己可以从中赚一点儿差价，贴补一些生活费用。

于是，她有意识地让国内的同学帮其宣传一下，自己又将代购的领域从电子产品扩充到了女生常用的化妆品等领域。

慢慢地，小李的"副业"做得也有点儿风生水起了。

最近几年，随着电子商务法律法规逐渐完善，海外代购的红利空间进一步被压缩，加之从事海外代购的人数越来越多，这一行业已经与"暴利"渐行渐远了。但是，对于一些有其他工作的人或者留学生来说，海外代购还是一个不错的“挣外快”的机会。

目前，从事海外代购行业的人大致分为两类：其一，自己身在海外，通过邮寄或自己携带的方式将商品带回国内；其二，自己身处国内，通过联系中间商或海外专门从事代购的人，代销某些“海外代购”商品。第二种方式在国内比较普遍，做起来也比较容易。但第二种海外代购“坑”比较多，骗子也很多，“假货”更是不在少数。有些“骗子”人在海外，当自己发现受骗后，都找不到人，因此，本书将重点放在了第一种方式上。

1. 项目评估及适用人群

从某种意义上来看，海外代购可能取得的收益是不错的，对于参与者也有一定的要求。对于海外代购项目的评估，主要从以下五个维度进行，如图5-11所示。

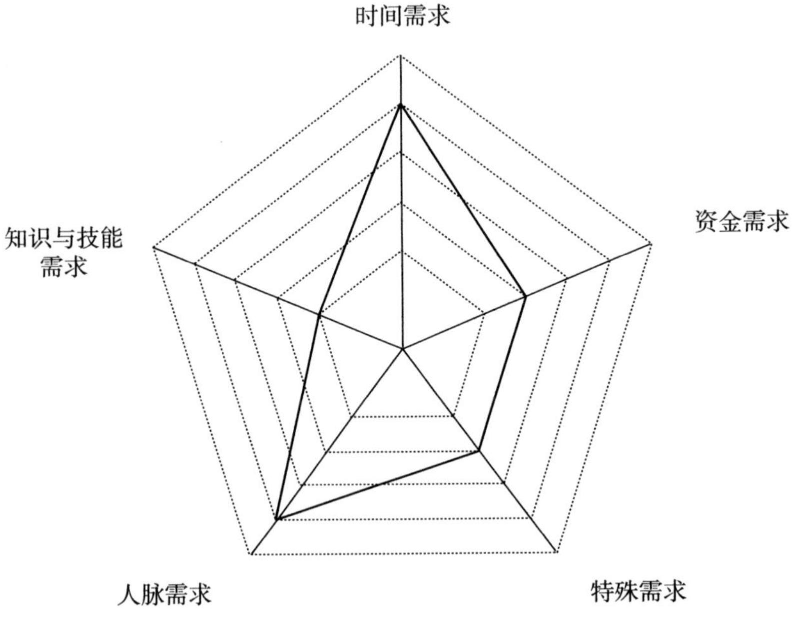

图5-11 五个维度评估海外代购项目

从项目需求情况来看，课程分销有以下几个特点。

维度一：时间需求

海外代购还是需要一点儿时间的。从事海外代购的人需要对当地商品有充足的了解，商品质量和价格都要达到最优才行。若价格或品质没有优势，海外代购这一行就无法做下去。因此，经常性地考察海外市场，就是从事海外代购行业的人必须要做的一件事。海外代购做得好的人，都是经常逛商场的，当然，这需要有足够的时间。

同时，海外代购的商品送达顾客手中还需要一定的程序，毕竟不像在国内的城市，一个快递就搞定了。这些代购商品需要经过海关，需要报关，这都需要花费一定的时间。

维度二：资金需求

海外代购本质赚的是差价，如果不需要“压货”，也就不需要什么资金了。从理论上来说，既然是“代购”，就需要买东西的人先打款过来，然后自己再去买东西。但是，若自己非常看好某类商品，且国内需求可能变大时，也可以采取“压货”的方式，这就需要一定的资金了，比如某些新的电子产品在国外首发上市等。

维度三：知识与技能需求

相对而言，海外代购对于专业知识与技能的要求并不高。只要能够了解某些产品的市场行情，能够处理报关等一些程序性事务即可。

维度四：人脉需求

海外代购毕竟也是一种销售工作，人脉是不可或缺的。朋友多、粉丝量高的人，可以获得更多的转发量和更多的销量。从海外代购项目来看，人脉资源是关系海外代购成败的一个关键因素。因此，努力拓展人脉资源，扩充自己的朋友圈，建立属于自己的微信群，都是必不可少的。

维度五：特殊需求

海外代购本质上属于销售工作，这就需要一定的销售与客服技巧，能够应对客户的咨询、投诉等事务。“口碑胜过一切”，只要能够选好商品，就可以弥补很多方面的不足。

2. 海外代购成功的关键因素

海外代购不等同于常规的销售，因而其操作也是需要一定的技术和策划能力的，如图5-12所示。

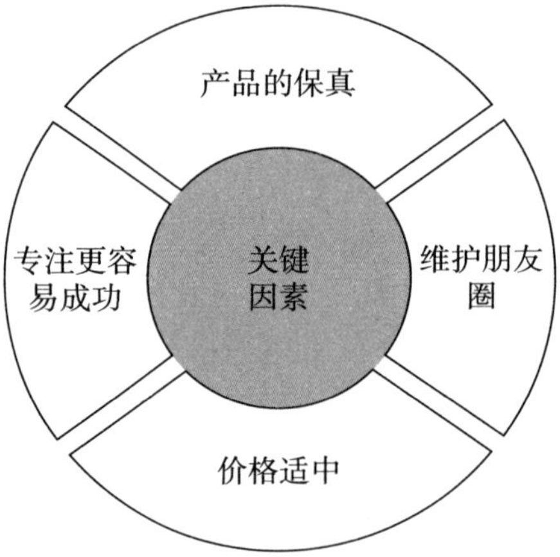

图5-12 海外代购成功的关键因素

第一，产品保真。

很多人喜欢通过海外代购来购买东西，就是看重代购可以买到保真的商品。因此，在操作过程中，决不能为了便宜或省事等因素丢掉“保真”的标签。事实上，目前很多海外代购为了获得更便宜的货源，常常通过中间商拿货，最后自己已经做不到“保真”了，慢慢地也就把自己的牌子给砸了。

第二，用心维护朋友圈、客户群。

很多购买商品的顾客都有可能成为“二次购买”顾客，或者成为帮助推销的人。同时，扩展自己销售业绩的方法也只有一条路，即不断扩大自己的朋友圈、客户群。因此，时时关注你的客户，用心维护客户群，就是你必须要做的事。

同时，要经常发布一些自己身在海外的图片、视频，在商场扫货的图片或视频，这些都可以更好地帮助自己宣传。

当然，针对朋友圈、客户群中提出的问题，也要做到及时应答。回答这些问题，有时候是需要花费很多精力和时间的，但千万不可因与代购商品无关将顾客打发走。你需要清楚，这是你的顾客提出的问题，他是基于信任才来求助的。拒绝一些问题，实质上就是在拒绝客户。

第三，价格适中。

海外代购品质第一，但也绝不是不考虑价格。很多人喜欢通过海外代购来买东西，看重的还是代购的商品比较便宜。但是，这并不意味着海外代购可以打价格战，若价格过低，很多人也会怀疑商品品质的。因此，设定代购商品的价格也是重要的一个因素，不仅要考虑购买商品时的价格、个人的利润空间，还要考虑邮寄、报关等诸多费用等。同时，还要考虑代购市场同类商品的报价，价格不能过高，但也不能走最低路线。

第四，专注于某一领域更容易成功。

与其他很多项目相似，海外代购也是越专注越好。专注于某一领域，才能让自己变得更专业，无论是选择商品，还是提供客户服务与支持，专注都会让自己收益颇多。

3. 海外代购核心的操作环节

海外代购需要重点关注以下几个环节。

（1）海外代购适用对象。

前面介绍过海外代购的两种形式。其中，人在海外的代购模式，是相对可靠的一种方式，但对从事该业务的人还是有很多要求的，即能够长时间在海外生活，一般以留学生和国内企业常驻海外机构工作人员为主。其他人偶尔出一趟国，做海外代购是比较困难的。

第二种依靠中介完成海外代购，适用的人群相对宽泛，只要有时间、精力即可。不过，很多做这种海外代购的，都有上当受骗的经历，比如代购商品为“假货”，甚至中介卷钱跑路等情况。更因为这类海外代购涉及跨国的问题，想要报警立案都很困难。总之，想要通过“中介”路径来做海外代购风险很大。

（2）海外代购品类的选择。

一般来说，从事海外代购的商品，单价相对要高一点，毕竟客户都是属于改善性需求。但在实际操作中，有一些品类是不能代购的，比如药品属于受到特殊限制的商品，不能代购。同时，奢侈品报关需要缴纳大量的关税，也要慎重考虑。

总体上来说，化妆品、保健品、电子产品、奶粉等属于海外代购的大类。同时，代购地点不同，也会各有侧重。

第一，日、韩代购货源地的商品，以化妆品、护肤品为主。前些年还有很多从日本代购电子产品、奶粉的，近些年少了一些。

第二，欧美代购货源地的商品，以奢侈品为主，包括奢侈品牌包包、手表、新潮电子产品等。当然，这类奢侈品入境都需要缴纳一定的关税。

第三，澳大利亚也是重要的代购商品来源地，以保健品、营养品、奶粉为主。

（3）商品的邮寄与送达。

海外代购的商品运送至国内，物流是一个大问题，因此，在选择物流时，需要精挑细选。

另外，目前很多国家都有华人成立的物流公司承担这些海外货运服务，也可以选择这些物流公司。

五、社区团购：为兼职而生的业态

消费者从社区团购网上下单后，这些平台企业通过自身的物流配送系统，将商品配送至距离消费者最近的自提点，这个自提点的负责人就是社区团购的“团长”。目前，社区团购做得比较好或者业务比较广泛的就是美团优选。

自社区团购出现后，美团优选的标签就走进了成千上万的住宅小区。很多小区超市、理发店、快餐店等都被接入了美团优选。

很多街头小店甚至小区里的普通业主，都摇身一变成了美团优选的“团长”。这种商业模式非常简单，就是美团优选借用这些店铺一块地，暂时存放商品（以蔬菜、水果、零食等居多），然后等着消费者将这些商品提走即可。

团购的“团长”承担的角色，就是临时提供一块可以存放商品的场地，提供一些简单劳动（包括接货、整理货物等），转发一些商品的销售链接，拉一些新客户进美团优选去买东西。

当然，这种“团长”几乎是没有固定工资可拿的，他们挣的都是一些佣金及推广费等。总体来说，这些“团长”挣的都是一些“小钱”，因此，也是比较适合兼职的一个职业，全职做就非常不划算了。

目前，担任美团优选“团长”的人大致分为两类：其一，自己本就有一个店铺，如超市、快餐店、理发店等；其二，全职太太或全职妈妈，无法或没有时间做全职工作，而自己又有一个适合做提货点的场地。

一般来说，以美团优选为代表的社区团购的“团长”，收益情况还是有所不同的，但整体上并不高。社区团购的“团长”获得的收益主要包括这样几部分：其一，销售商品的佣金；其二，开发新客户的推广费。一般来说，开发新客户的推广费要高一点儿，只是属于一次性收入。

1. 项目评估及适用人群

对于社区团购项目的评估，主要从以下五个维度进行，如图5-13所示。

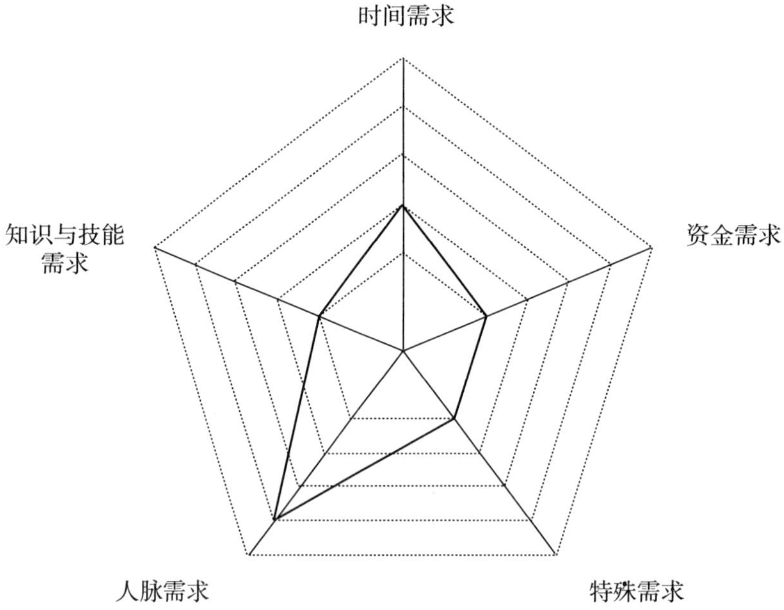

图5-13　五个维度评估社区团购项目

从项目需求情况来看，社区团购有以下几个特点。

维度一：时间需求

社区团购肯定是需要占用一点儿时间的，包括接货、整理商品、转发商品链接、维护客户群等，但总体上来说，所需的时间并不是特别的多。当然，如果自己的社区消费能力足够强，销售的商品足够多，可能占用的时间也会多一些，但这也会增加自己的收入。

维度二：资金需求

对于社区团购的“团长”来说，自己并不需要准备任何资金，只需提供一块场地。另外，多数情况下，这块场地也是“兼职”的，并不是专用的。反正都是闲置的场地，提升利用率也是不错的选择。

维度三：知识与技能需求

这并不是一个需要多少知识与技能的行业，而是一个只要能识字、会上网、会使用智能手机就可以参与的“工种”。当然，未来，这个新型职业也可能会有自己的职业标准。

维度四：人脉需求

社区团购毕竟是一种客户服务工作，人脉是不可或缺的。朋友多、粉丝量高的人，可以获得更多的转发量和更多的销量。从社区团购项目来看，人脉资源，特别是在一定区域内的人脉关系，都是社区团购成败的一个关键因素。

由此可以看出，努力拓展人脉资源，扩充自己的朋友圈，建立属于自己的微信群，都是必不可少的。成为社区团购的“团长”后，还会有一些开发新客户的任务，这就需要人脉资源作为支撑了。

维度五：特殊需求

社区团购本质上属于一种客户服务工作，这就需要一定的沟通与客服技巧，能够应对客户的咨询、投诉等事项。当然，这种技巧的要求也不是很高，只要具备一定的基本技能就可以了。

总之，社区团购的“团长”是一个非常适合“兼职”的项目。从目前的情况来看，从事这一行业的人以小店店主、全职妈妈居多。

2. 社区团购成功的关键因素

社区团购能否真正增加收入，而不是成为一个“僵尸店”，最后失败退出，还是要看“团长”的努力程度，如图5-14所示。

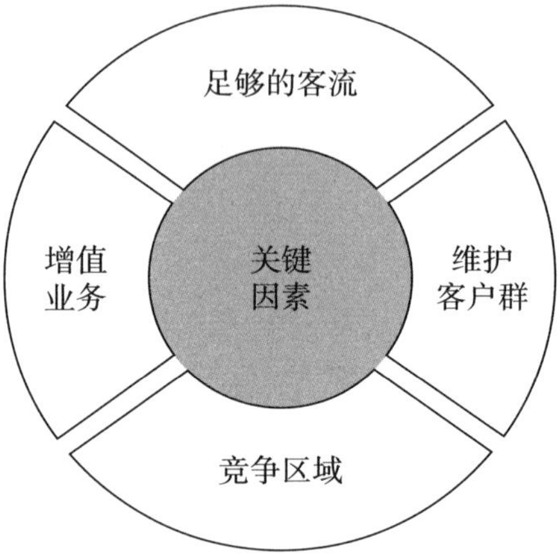

图5-14　社区团购成功的关键因素

第一，足够的客流。

社区团购立足于普通的社区，社区规模大小、住户的多少、消费能力与习惯，都会对“团长”的最终收入产生较大的影响。若自己所处的社区住户很少，那么，无论自己如何努力，也很难获得较高的收入，毕竟没有消费者会选择远离社区的团购。因此，做这个工作前，要对自己所处的社区情况有一个基本的了解。

第二，用心维护客户群。

社区团购要想持续下去，“团长”就必须具备极强的凝聚力，能够将社区内的客户全部凝聚在自己的团里，并努力将自己社区内的住户尽可能多地开发成自己的客户。

除了向客户提供尽可能多的售后服务外，还需要经常性地在客户微信群内发布一些优惠券、优惠商品的链接，尤其是特价商品的链接，这些特价商品本身就是平台方用来增加客户黏性使用的。

第三，竞争区域。

这是一个与之前所说的客流因素相似的概念。团购平台会根据申请人的情况，自动匹配相应的附属社区。如果相近地区已经有其他的“团长”，那么，你这个“团长”面临的竞争压力就会增加。有些客流非常大的社区，可能会有很多这类团购进驻，这样“团长”面临的竞争就更大了。因此，在选择成为“团长”时，要对整个社区的竞争态势有所了解。若自己所处的社区是一个空白地带，那是最好的。

第四，提供增值业务。

从“团长”的收入来看，多数情况下都不是很多，因此，“团长”必须努力拓展多种收入渠道。比如，根据这些消费者的下单习惯，提供一些配套的、可供选择的增值服务。

特别是一些小超市的店主，更可以借此机会观察消费者的消费习惯，并配套销售辅助商品，因为社区团购销售的商品品类还是十分有限的，不像超市那样丰富。可以让这些消费者提货时，再从自己的店铺购买一些商品。

3. 社区团购核心的操作环节

社区团购操作环节需要重点关注这样几个环节。

（1）先注册成为“团长”。

这是成为“团长”的第一步。找到美团优选“团长”的申请入口，在输入相关信息特别是手机号码后，就会有区域负责人与你联系。图5-15所示为美团优选“团长”的申请步骤。

只要区域没有重叠，有自己的场地，都可以申请成功。以美团优选为例，这个新“团长”还会有一个试用期，转正的条件一般包括以下几点。

第一，一周内开发和接收到的客户单子总数，一般要求在70单以上，平均每天10单左右的水平。这本身也是检验自己是否合适做“团长”的一个指标，若拿不到多少单子，也就没有多少佣金，这个兼职就没有什么意思了。当然，在试用期内，可能社区内的邻居还不知道你这里的情况，因此，有时

图5-15　美团优选“团长”申请步骤

可优先动员自己的亲属从平台下单。特别是这些单子的金额是不限的，就是每单只买一样东西也可以。

第二，一周内开户的新客户数，一般要求至少开发5个以上的新客户。这也是比较好达成的目标，动员自己周边的亲戚、朋友、邻居基本就够了。

（2）打响自己的“招牌”。

尽管“团长”没有固定收入，收入主要来源于客户网上下单的佣金（一般在5.5%左右）和新客户开发的推广费用，但毕竟自己要从事这个行业，就必须倾注一定的“努力”。一般来说，在成为“团长”后，首先必须让社区内的邻居知道自己已经是“团长”了，要积极宣传、吸引大家在平台下单，绝对不能悄无声息。

（3）开发新客户。

对于“团长”来说，开发新客户是能够获得较高收入的一个途径。当然，一个社区内的客户量肯定是有限的，因此，尽可能多地开发社区内的客户资源，是成为“团长”后首先要考虑的事情。

第六章

任务赚钱模式：拍客与威客

通过完成平台发布的任务来赚钱，已经成了一种非常普遍的副业选择。在旅行平台上写旅行游记，在美食平台上发布美食店铺图片或信息，在威客平台完成悬赏的任务，都是比较灵活的赚钱模式。

一、旅行游记与攻略

一边旅游一边挣钱，是很多人的梦想。在真实世界中，确实也有人实现了这一梦想。其实，很多旅游信息平台都提供了实现这一想法的机会，也就是说，旅行者可以通过在这些平台发布旅行游记、旅游攻略，并辅之以相关的视频、图片来获得读者的关注，获得平台的奖励，有时还可以借助这些游记或攻略来带货。

撰写旅行游记与旅游攻略获得收入的途径大致包括两类：其一，来自平台的激励措施（很多平台为了吸引更多的人撰写旅行游记和旅游攻略，会提供一定的奖励措施，如可兑换礼物的积分或现金）；其二，通过这些文章来带货，比如带一些旅行产品，包括机票、酒店、景点门票、旅行团等。

小赵，是一个典型的旅游达人，周末城郊游，长假国内游，年假全球游，成了她的标配。几年的时间内，她走遍了城郊和国内的多个旅游景点。

与其他游客不一样的是，她喜欢用文字记录自己的旅程，喜欢用图片和视频来记录旅行的瞬间。

开始时，她仅仅是将文章和图片、视频发到自己的朋友圈。很多朋友建议她将这些文章放到专业的旅游网站，让更多想要旅行的人看到。她觉得这是一个不错的主意，于是将自己的旅行游记全部搬到了携程旅行网。由于她的文字比较细腻，旅行见闻与攻略也比较详细，很快便有了数量众多的粉丝，她也获得了旅游网站的原创奖励。

旅游网站的工作人员建议她在文章结尾顺便带一些旅行产品链接，如各类旅游团报团信息等。长期下来，她通过写旅游相关文章带来的各项收益，不仅能支付自己的旅行花销，甚至还有了一定的剩余，这给了她极大的动力。

其实，这已经是将旅行游记作为副业的一种形式。目前，各大旅游平台都在招揽旅行游记作者，若能够代销旅行产品，还能提供较高的佣金。

1. 项目评估及适用人群

旅行游记或旅游攻略创作者中，有些人能够取得不错收益。对于旅行游记项目的评估，主要从以下五个维度进行，如图6-1所示。

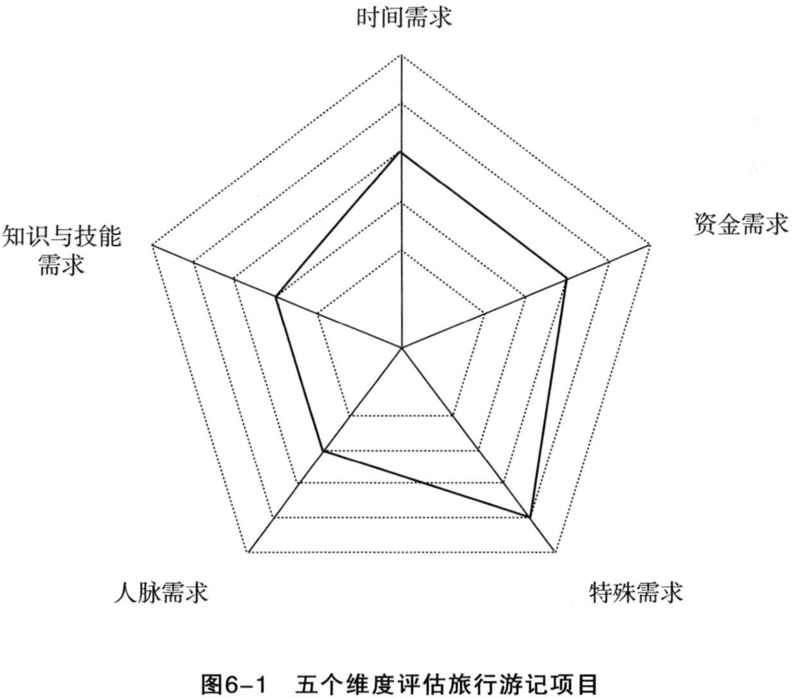

图6-1　五个维度评估旅行游记项目

从项目需求情况来看，旅行游记项目有以下几个特点。

维度一：时间需求

一般来说，创作旅行游记或旅行攻略所需的时间并不太多，也不可能过于频繁，但这些旅行游记需要以实地旅行为基础。旅行则需要一定的时间，旅行过程中或结束后，整理旅行游记或旅游攻略也需要一定的时间。

维度二：资金需求

旅行从来都不是省钱的事。要想将各个旅游景点体验完整，需要不少资金。即使是穷游，也是需要准备一定资金的，当然并不需要太多。

维度三：知识与技能需求

创作旅行游记，肯定需要具有一定的写作知识、写作技能和创作能力，还需要一些图片与视频编辑知识。

维度四：人脉需求

整体上来说，创作旅行游记对人脉的需求并不高。但若能积累较多的粉丝，则自己的副业之路会更加顺利。

维度五：特殊需求

旅行游记需要高质量的文字驾驭能力和独特的写作技巧，不仅要求写作内容具有较强的实用性，还要给人一种美好的感觉。当然，本身浏览旅行网站的读者也是有旅行意愿者居多，因此，旅游攻略记述得越详细效果会越好，也越可能带动周边产品的销售。

2. 旅行游记成功的关键因素

旅行游记不等同于常规的写文章，因此，其操作也是需要一定的技术和策划能力的，如图6-2所示。

第一，体验。

旅行游记、旅游攻略类文章，贵在真实体验。没有真实的体验，写的东

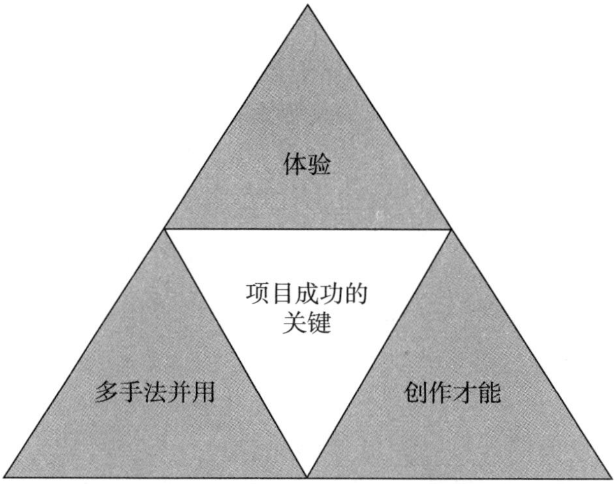

图6-2　旅行游记成功的关键因素

西很难打动人。特别是一些攻略类文章，没有亲身体验，很难将这类文章写好。

第二，较佳的创作才能。

无论是旅行类文章的写作还是旅行中拍摄视频和图片，都需要具备一定的创作才能。毕竟写文章或拍视频本身并不是目的，让自己的东西得到别人的认可才是最重要的，这就需要较佳的创作能力。

第三，合理的传媒技术和手段。

分享旅行游记或旅游攻略，势必需要综合利用多种传媒技术和手段，比如图片编辑技术、视频拍摄技术、文字编辑与处理技术等。

3. 旅行游记项目核心的操作环节

旅行游记项目的核心操作环节包括以下几项。

第一，明确定位，选择平台。

可供选择的旅游平台大致包括两类：其一，自媒体平台；其二，专业的旅游信息平台。若选择自媒体平台，则意味着要成为一个超级的旅游“大

V”，做专业的旅游达人，向大家分享旅游攻略、旅行游记等。

总之，在开启这个项目前，需要为自己找到准确的定位，然后再选择合适的平台。若选择常规的自媒体平台，则收益与普通的自媒体“大V”就没有区别了；若选择专业的旅游网站、旅游类应用程序（APP），则需考虑各家的规则要求。如携程旅游网就曾推出过针对原创旅行游记和旅游攻略作者的奖励计划，同时，若在文章中带一些货，则收益会更高。

第二，科学规划内容。

能够吸引人的内容，是引发传播的基础。在规划内容时，更多的还是要考虑受众的需求。比如，旅游过程中遇到的一些现实的和棘手的问题，是很多即将旅行者所关心的焦点，如何应对这些疑难问题，也是比较吸引人的一个切入点。

第三，注意图文并茂。

旅行游记或旅游攻略的写作，还需注意文字与图片、视频相结合。让读者感受到旅行的美好，这样才能让人产生旅行的欲望。

二、美食拍客：完成任务，获得报酬

大家从美团或饿了么等平台搜索各类美食店铺时，很容易查询到各家店铺的详细信息，包括各种图片信息等。其实，这都是这些平台企业通过设计各类激励措施，激励全国各地的拍客拍出来的。

李思雨是一个典型的“吃货”。每到周末休息时间，他都会骑着自己的自行车走街串巷，寻找散落在各地的美食。其实，他也不一定能吃多少，但这是他的一个爱好。在他看来，不光是吃到这些美食，就是寻找这些美食的过程，也是一种享受。

寻找美食是一件花钱的事，但小李却将其变成了一件可以挣钱的差事。他很早就下载了一个专门拍店铺的APP，然后将自己沿路发现的店铺信息上传至APP，完成相应的任务，就可以获得一定的奖励。

尽管这些奖励不会让自己赚太多的钱，但也可以弥补一些寻找美食的花费，对于他来说，这也是不错的选择了。

其实，能够提供类似拍店任务或者拍美食图片上传任务获得报酬的平台还有很多，包括美团、饿了么、地图淘金等。这些平台会发布一些拍摄任务，明确奖励金额、拍摄要求等细节，拍摄者需要按照要求提交相关信息和图片，审核通过后就可以获得相应的报酬。

1. 项目评估及适用人群

相对而言，美食拍客取得的收益并不高，任务对于参与者也有一定的要求。对于美食拍客项目的评估，主要从以下五个维度进行，如图6-3所示。

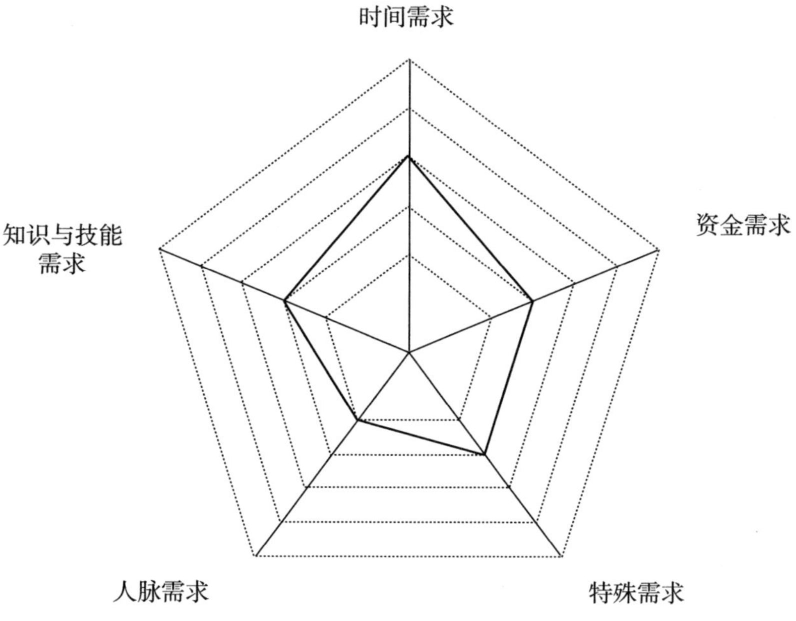

图6-3　五个维度评估美食拍客项目

从项目需求情况来看，美食拍客项目有以下几个特点。

维度一：时间需求

美食拍客还是需要一点儿时间的，但这个工作完全可以利用业余闲暇时间完成，其中多数情况下以周末休息时间为主。不过，平台开放时间越长，可供拍摄的店铺肯定越少，寻找店铺所需的时间也就越长。这也就意味着投入与产出比可能会越发不成比例，只有找到空白区域，才有可能在有限的时间内拍下来更多的店铺。

维度二：资金需求

这是一个基本上不需要太多资金投入的项目，只要有一部智能手机，外加一个代步工具即可。以自行车或电动车为宜，否则投入的成本可能过高。

维度三：知识与技能需求

相对而言，拍客对于某些专业知识与技能的要求并不高，只要了解某些店铺或美食的基本情况，能够理解平台基本需求即可。

维度四：人脉需求

对于美食拍客，拍摄者只需与平台发生关联，对于人脉方面没有任何的需求。

维度五：特殊需求

美食拍客要想获得报酬，拍摄的图片、信息等需要能够满足平台的要求。从本质上来说，这也是比较基本的需求。

2. 美食拍客成功的关键因素

不同的美食拍客，收入是完全不同的。要想坚持下去，也是需要具备一定能力的，如图6-4所示。

第一，拍摄路线规划。

用最短的时间完成最多的任务，是这个项目持续下去的核心。因此，在外出拍店前，需要对行进的路线进行仔细的规划，力求节省时间。

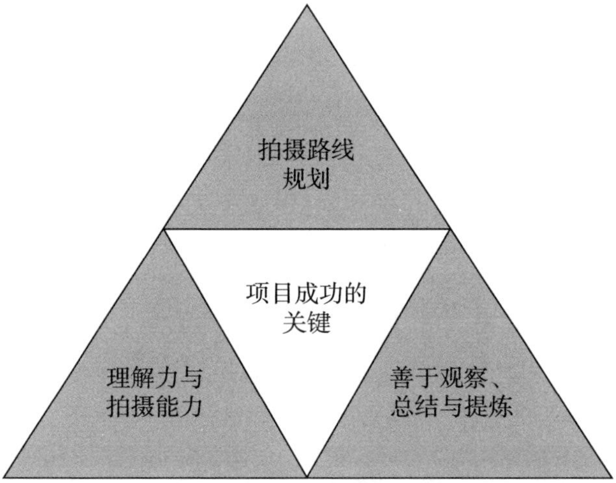

图6-4　美食拍客成功的关键因素

第二，善于观察、总结与提炼。

通过不断地寻找、拍摄，总结拍店的经验，力求用最短的时间达到平台的技术要求。毕竟节省时间就相当于获得了更多的拍摄机会和赚钱机会。

第三，理解力与拍摄能力。

平台对拍摄一般会有较多的限制和要求。准确地理解平台的要求，并提升自己的拍摄能力、信息编辑能力，也是这个项目得以持续的关键。

3. 美食拍客项目核心的操作环节

美食拍客项目需要遵循以下几个环节。

第一，选择平台。

目前，很多平台都有类似的这种拍店或拍照片任务，比较有代表性的包括美团、饿了么、大众点评、企鹅绘图、高德淘金等。

想要从事该业务的拍摄者，可以有针对性地选择其中一个或同时多关注几个平台，这样可以实现收益最大化。

第二，平台的下载与注册（以美团拍客为例）。

选定平台后，下载注册非常容易。只需从手机【应用商店】查找相应的APP软件，点击【下载】即可。

下载【美团拍店】后，点击【美团拍店】图标就会进入如图6-5所示界面。系统会提供几种赚钱的模式，并且下方还会给出可供拍店的地点和酬金。

点击具体的任务模式，如【出门拍店任务】后，系统会给出图6-6所示的页面，只需登录系统，就可以看到具体的任务了。

图6-5　美团拍店任务列表

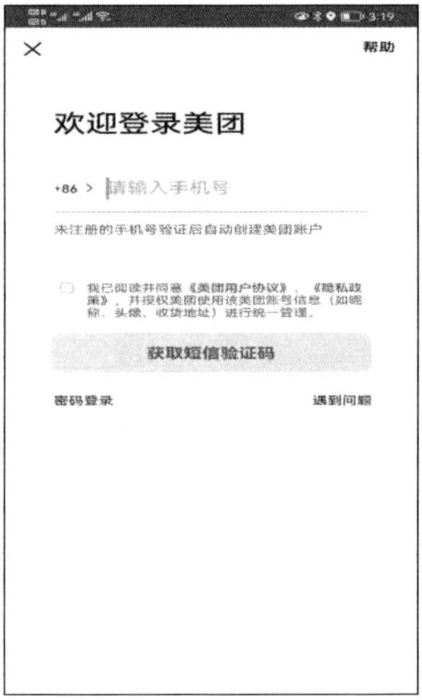

图6-6　登录系统获取具体拍摄任务

三、做威客任务赚钱

威客的英文名为Witkey，由wit（智慧）、key（钥匙）两个单词组成，是指那些通过互联网把自己的智慧、知识、能力、经验转换成实际收益的人。

用通俗的话来说，在一个威客平台上，需要帮助的人可以发布自己的需求并进行类似于悬赏式的招标，同时需要将悬赏的资金打到平台监管账户。此时，有能力完成任务的人就会提供自己的解决方案，最后由任务发布方确认中标胜出者，平台则会将悬赏金额付给中标方。目前，比较有代表性的威客网站包括猪八戒、一品威客、任务中国等。

小刘是一家公司的行政文员，平时也喜欢研究一点儿电脑制图、绘画等。公司里很多设计宣传方面的文案，特别是版式设计、图片编辑等，都是由她操刀的，这也算她的一项特长。

做行政文员的工作相对清闲一些，但工资也不高，这也让她有了更多的时间做一些感兴趣的事。后来，她发现了威客网站。

在威客网站上，她可以浏览已经发布的各类任务，并寻找自己感兴趣的任务。当然，她的兴趣点仍集中在各类LOGO（商标）制作、文案设计方面。

开始的几个任务做得并不成功，连续三个投标都没有被选中，自然也就没有获得收入。她把中标的几个方案研究了一番，对客户的需求复盘整理了一下，总结了失败的教训。

后来，她中标了一个500元的LOGO任务，这给了她极大的信心，更加坚定了她继续这条路的决心。尽管不能确保自己的方案每次都能中标，但平均下来，每一到两周都会有中标的方案，每次中标金额从200元到1000元不等。

目前，威客任务的范畴不断扩展，这类专业人才都可以借助威客平台来做一些属于自己的“私活”。这些任务包括但不限于以下几类：LOGO与VI（Visual Identity，视觉识别系统）设计、版权保护与注册、网站与软件开发、装修设计、营销文案编写等，甚至还有对故事、剧本的需求等。当然，所有项目都是公开投标参与的，谁也无法保证中标的概率，这也是从事威客的难处。

1. 项目评估及适用人群

选择成为威客的创作者中，有些人还是能够获得不错的收益的。对于威客项目的评估，主要从以下五个维度进行，如图6-7所示。

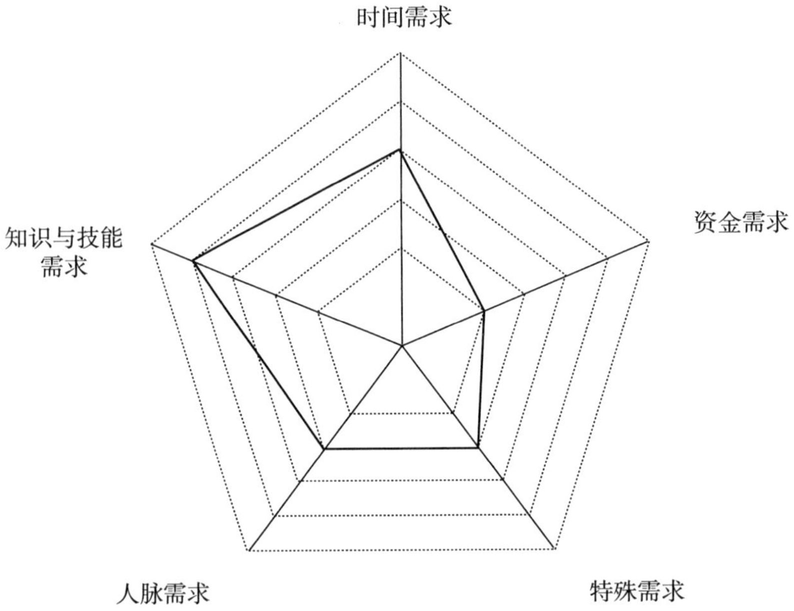

图6-7　五个维度评估威客项目

从项目需求情况来看，威客项目有以下几个特点。

维度一：时间需求

一般来说，威客创作者的时间掌控相对灵活，完全可以利用自己的空闲时间来完成平台上的悬赏任务。当然，要完成这些任务，有些还是需要投入很长时间的，这就要看自己选择的招标任务情况了。比如，有些任务就是设计一个图形或LOGO，所需的时间可能较少，更多的是要思考；有些任务则是一整套方案，这就需要比较长的时间了。

维度二：资金需求

从事威客任务是不需要投入什么资金的，只要有具备上网条件的手机或电脑即可。

维度三：知识与技能需求

威客创作者肯定需要具有一定的专业知识和技能。网上发布招标任务的客户，都是对某类知识、技能有所不足或不能满足需求的人，因此，威客创作者必须能够在这些方面提供必要的支持和补充。

维度四：人脉需求

整体上来说，创作威客对人脉的需求并不高。威客都是靠方案挣钱的，只有方案过硬，能够中标，最终才能赚钱。

维度五：特殊需求

从事威客创作基本没有什么特殊的需求，只要按照平台的投标需求，按时提交作品或方案即可。

2. 威客成功的关键因素

威客不能等同于常规的写文章或做任务，而是必须按照发标方的要求完成任务，同时，还要在众多参与的竞争者中胜出，因而其操作也是需要一定的技术和策划能力的，如图6-8所示。

第一，创意。

威客本来就是利用自己的知识、经验和能力赚钱的一个领域，自己必须在参与任务的竞争对手中获胜才行，而创意是竞争中最核心的要求。

事实上，发布任务的招标方最稀缺的就是创意。面对越来越多同质化的产品，招标方最喜欢看到的肯定也是最具创意的作品。

第二，质量。

整体上来说，威客平台发布的任务还是以各类文案、方案为主。文案质

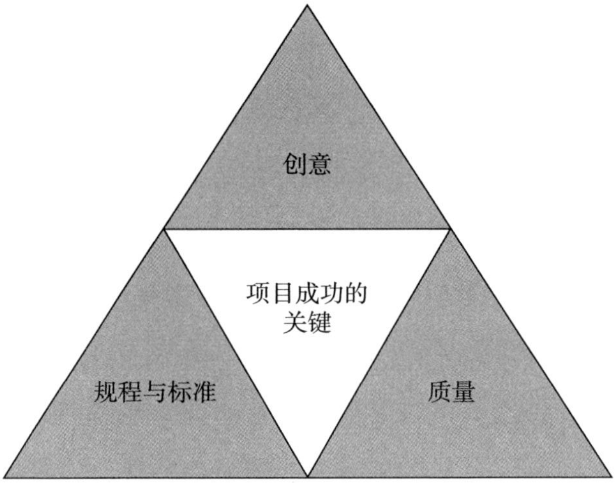

图6-8　威客成功的关键因素

量情况或各类任务完成的质量，是决定能否中标的关键。最终，任务发布方会从众多应征者中优中选优，选出一个获胜的方案。

第三，规程与标准。

每个威客平台都有任务发布与承接程序，同样，任务发布方也会提出各自的要求与标准。因此，作为投标方，要想成功中标，对基本的程序和任务标准都需要有清楚的解读。

3. 威客项目核心的操作环节

威客项目的操作需要遵循以下几个环节。

第一步：注册，开通威客。

想要成为威客，必须先注册一个威客账号。你可以从众多威客网站中选择一个或几个平台同时注册。你也可以先对各个平台任务发布情况进行对比分析，然后再决定注册地。当然，大平台上提供的任务更多，选择也更灵活，但竞争对手可能也会更多。

总之，各个平台注册都非常简单。以猪八戒网为例，如图6-9所示。

从图6-9中可以看出，在猪八戒网注册页面就已经区分了任务发布方

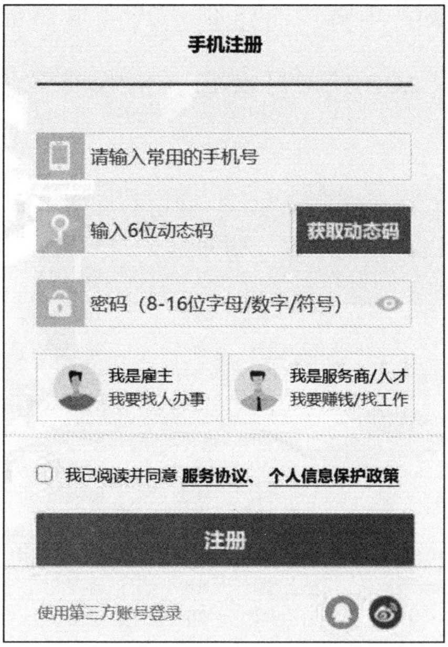

图6-9　猪八戒平台注册界面

（雇主）和任务接受方（服务商/人才），这是事先需要清楚的。同时，在服务协议中，也明确地告知平台将抽取一定的服务费用，这就意味着完成任务所获得的奖励金额，可能不会百分之百地进入个人账户。

第二步：寻找任务，开始挣钱。

平台首页提供了任务的类别，你可以根据个人特长选择各个类别内自己感兴趣的任务，如图6-10所示。

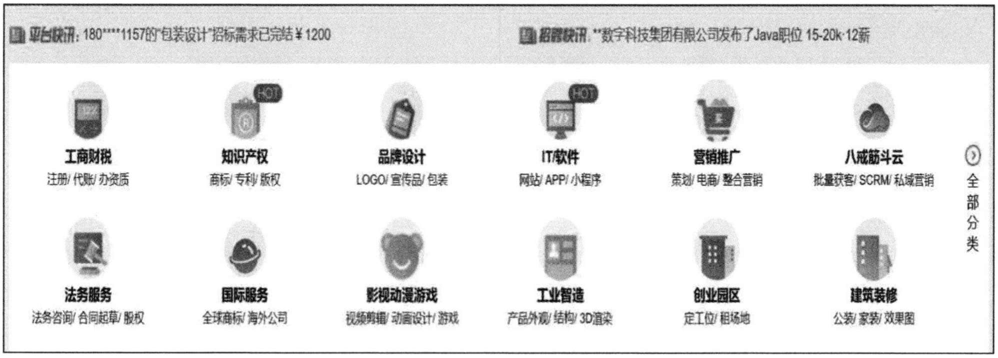

图6-10　猪八戒平台的任务类别

如果想要完成具体的任务，可以到猪八戒平台顶部的【需求大厅】去找。以品牌设计为例，2022年8月26日，猪八戒平台正在征集的任务如图6-11所示。

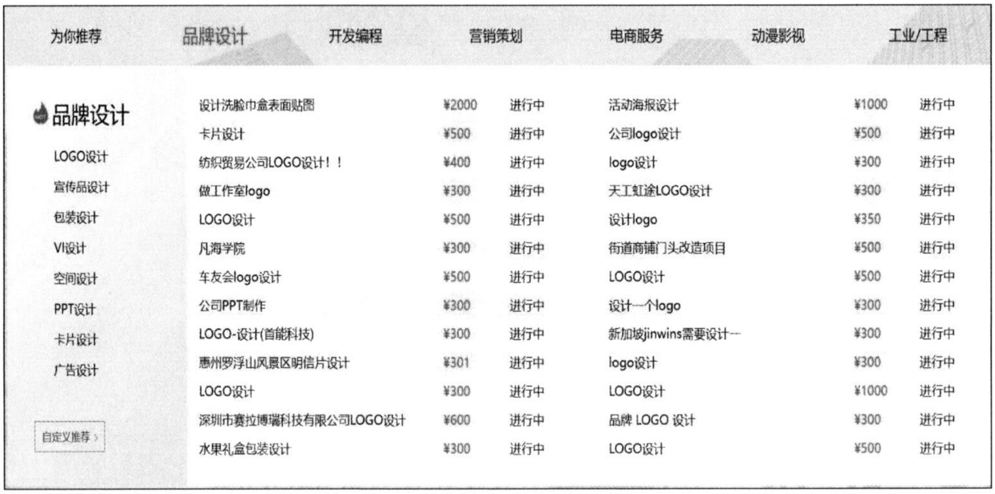

图6-11 猪八戒任务平台热门任务【品牌设计】

选择其中的某个任务点击进入，就能够看到发布方的具体要求。比如，点击【LOGO-设计（首能科技）】，就能看到该任务的具体要求，如图6-12所示。

图6-12 任务要求界面

看了具体的任务要求后，若有感觉或者觉得自己能够提出比较有竞争力的方案，就可以点击【参与交稿】，由此参与比稿和竞争。

若最终胜出，系统将会把悬赏金额扣除一定费用后转入你的账户。

第七章

城市“轻骑兵”：为需求而生

城市中生活着形形色色的人，人们也有着各种各样的需求。为了满足这些需求，城市里多了穿梭于大街小巷的各类工作人员，他们就是城市的“轻骑兵”。本章介绍了其中几种比较典型的岗位，如网约车、外卖骑手、替人跑腿、万能修、收纳师等。

一、网约车：上班兼职两不误

网约车，即“网络预约出租汽车经营服务”的简称，是指以互联网技术为依托构建服务平台，接入符合条件的车辆和驾驶员，通过整合供需信息，提供非巡游的预约出租汽车服务的经营活动。

网约车行业是近一些年发展起来的新兴行业，网约车在解决城市“打车难”问题的同时，也帮助解决了相当大一部分人的就业问题，同时，也成了很多有车一族的“兼职首选”。

小王本是一个典型的城市白领，就是买的房子位置稍稍有点儿偏，每天上下班都需要两个小时左右的时间。买车以后，日子过得才算是好了一些。不过，成为有车一族之后，虽然出行更加方便了，消费水平也是水涨船高。特别是油费越来越贵，有时他不得不放弃开车上班，改坐公交车，甚至有时他还动了想把车子卖了的想法。

后来，滴滴等网约车平台爆火之后，他发现了一个扭转自己被动消费的方法，即在网约车平台上注册成为网约车和顺风车车主。这样，每天早上上班时，他通过顺风车平台携带一到两名顺路上班的乘客，可以帮助自己分担油费；下班时，再通过网约车平台跑一段时间的网约车，晚上九点多再回家。周末更是可以开足马力，全力运营网约车赚些“外快”。

跑了一段时间后，小王发现不仅自己上班的油费有了，还能赚不少“外快”。当然，对于自己来说，这个副业最大的好处还在于自由、以我为主，自己累了，不想跑了，随时可以休息。

这就是典型的以网约车为副业的案例。一般来说，这类副业的收入还是相当不错的，至少弥补自己“油费”支出还是绰绰有余的。若是线路合理，自己能多吃点儿苦，收入还是相当不错的。

1. 项目评估及适用人群

对于有车一族来说，开网约车确实是一个不错的选择，不仅收入相对能够有保障，而且时间还非常自由。当然，具体是否适合干这个行业，还要从以下五个维度进行分析，如图7-1所示。

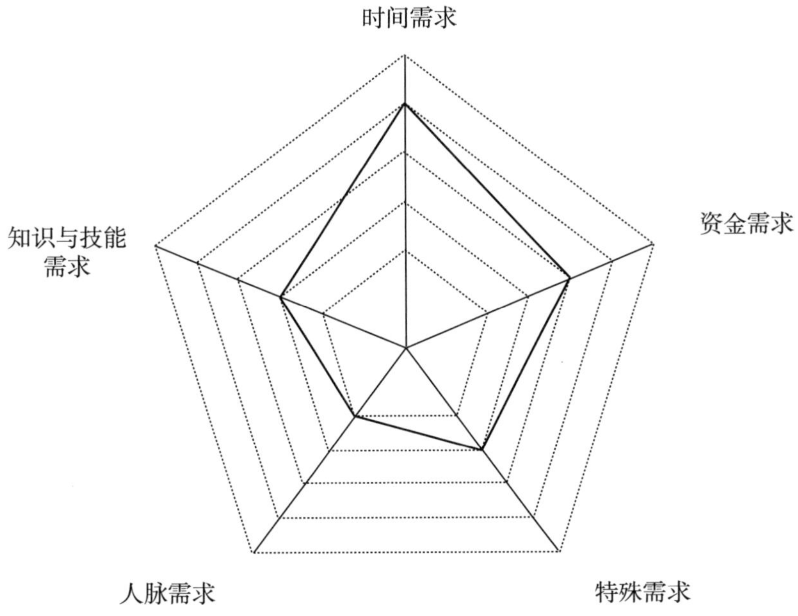

图7-1　五个维度评估网约车项目

从项目需求情况来看，网约车项目有以下几个特点。

维度一：时间需求

开网约车，除了固定的投入车辆外，最大的一部分投入就是时间了。开网约车需要占用大量的时间，因此，选择该副业前，先要对自己能够付出的时间进行评估。

一般来说，开网约车需要满足这样以下要求。

其一，全职工作能够准时准点下班，而且不算太累。从事的是经常加班加点的工作或者体力、精力付出较多的职业，就很难从事网约车行业了，毕竟全职工作已经让自己精疲力竭了，若再从事网约车不仅赚钱困难，还可能会引发交通安全事故。

其二，家庭负担不能太重。若家庭中有需求花费时间照顾的亲人，就无法全力跑业务，这也会对收入造成一定的影响。

维度二：资金需求

以网约车为副业，首先必须得有一辆车，这就是最基本的投资。同时每天需要一定的油费以及汽车保养费用、保险费用等。这些都是基本的投资，也是网约车项目最大的一部分投资。

维度三：知识与技能需求

原则上来说，开网约车只需具备基本的驾驶技能即可。不过，随着网约车行业的不断规范，对网约车驾驶员的要求也越来越多。这些要求，在加入网约车平台时，平台机构都会向驾驶员提出并给予相应的培训。

维度四：人脉需求

一般来说，网约车行业对人脉没有什么需求。但若自己的人脉较广，还是或多或少能够起到一定助力作用的。

维度五：特殊需求

目前，各地交管部门对网约车的规范力度逐渐加强，各地对想要从事网约车的司机都有一定的要求和资质限制。比如，北京对网约车的要求包括诸如“京户、京牌”等。

2. 网约车项目成功的关键因素

对于有车一族来说，从事网约车副业是非常容易的，但要想做好，收入更高，则并不容易，毕竟开网约车不同于给自己的家人、朋友开车。影响网约车项目的成功因素包括如图7-2所示的几项。

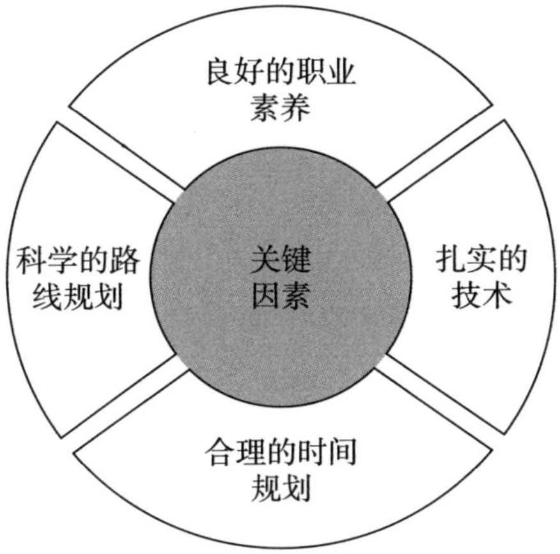

图7-2　网约车项目成功的关键因素

第一，良好的职业素养。

网约车司机，本质上讲类似于出租车司机，属于典型的服务性工作。这就要求从事网约车服务的司机要有良好的职业素养，包括着装、言谈举止等，都要符合相应的规范。

第二，扎实的技术。

这也是从事网约车项目的先决条件。毕竟以网约车为副业的司机，需要更长的驾驶时间，需要应对的突发情况也更多，因此，没有扎实的驾驶技术是难以应对各种情况的。

第三，合理的时间规划。

以网约车为副业而非主业的人，都应该是一个时间规划的高手。空闲时间的安排，包括照顾家庭的时间、个人休息时间都要事先规划好，下班以及周末跑网约车的时间安排等，也需要合理规划。

第四，科学规划路线。

这是网约车项目能够盈利多少的一个关键因素。有时候，更多的收入并不一定能带来更高的利润，因为这些收入附带有更高的油费消耗，这就是典型的得不偿失。特别是在下班后跑网约车时，要合理规划运营路线，一般来说不要离自己的住所地太远为宜。

3. 网约车项目核心的操作环节

网约车项目需要重点关注以下几个环节。

（1）选择网约车平台。

这是网约车项目成功与否的关键。网约车平台在给驾驶员派单的同时，也会从驾驶员的收入中抽取部分佣金。目前，各个平台的佣金水平有所不同，而且还会随时变化与调整。一般来说，规模越大的网约车平台，佣金水平可能会越高；但这些平台的使用者会更多，接入这类平台后，抢到订单的概率也会越大。对于网约车驾驶员来说，这就需要一个平衡。

（2）网约车平台的促销和奖励。

网约车平台为了吸引更多的客户注册使用自己的平台，会定期或不定期地推出一些优惠促销或奖励活动。从消费者角度来看，最终都是以低价来吸引消费者。但对于从事网约车的驾驶员来说，就需要仔细考虑了。有些促销可通过平台的补贴来消化掉这部分优惠；有些促销则是以牺牲驾驶员的收益为代价的。因此，驾驶员在参加这些活动时，需要仔细研究、琢磨，防止自己赔钱赚吆喝，沦为给平台打工的人。

二、外卖骑手：行走于市井的游侠

外卖行业原本有多家参与，但随着竞争的加剧，行业整合加速，目前整个外卖行业大部分市场份额被美团和饿了么占有，因此，绝大多数外卖骑手都是为美团和饿了么两大平台提供配送服务。

外卖骑手分为“专职”和“众包”（公司或机构把过去由员工执行的工作任务，以自由自愿的形式外包给特定的大众志愿者）两种。绝大多数骑手属于“众包”，也就是兼职，他们以个人方式参与平台配送，按单赚钱，自配保险。

相对而言，外卖骑手的工作时间较为灵活，且按单收费，一般不用到离家太远的地方送餐。同时，从事该工作的人需要投入的资金较少（有电动车即可），因而成为一些年轻人、在校大学生的兼职首选。这些外卖骑手穿着统一的制服，骑着电动车穿过大街小巷，颇有点儿“游侠”的派头。

李同学是一名在校大学生，学校放暑假后，他没有回家，而是选择了勤工俭学。他发现当外卖骑手是一个不错的选择，正好在上学期间，他买了一辆电动车，这都为从事外卖骑手工作提供了便利。

他之所以没有找一个看起来“更清闲”一点儿的兼职，主要是他看到学校有很多留校学生，这些学生经常点外卖，这样自己往学校里送外卖更加方便。

于是，他在外卖平台注册了一个账户。不过，现在外卖平台要外卖员自己配备外卖套装（包括服装、外卖保温箱等），这套装备还是要花一点儿钱的，这让李同学着实有些心疼。

不过，李同学开启外卖骑手生涯后发现，这还是一个不错的活儿。自己所接的大部分单子都在学校范围内，而且比较集中，这样自己派送起来相对比较简单，收入也还不错。

这就是典型的以外卖骑手为副业的案例。一般来说，这类副业的收入还是相当不错的，这也是现在很多年轻人不愿意进工厂，更愿意当个外卖骑手的原因。

1. 项目评估及适用人群

对于很多年轻人来说，外卖骑手确实是一个不错的选择。不仅收入相对较高，而且工作时间还自由。当然，具体是否适合干这个行业，还要从以下五个维度进行分析，如图7-3所示。

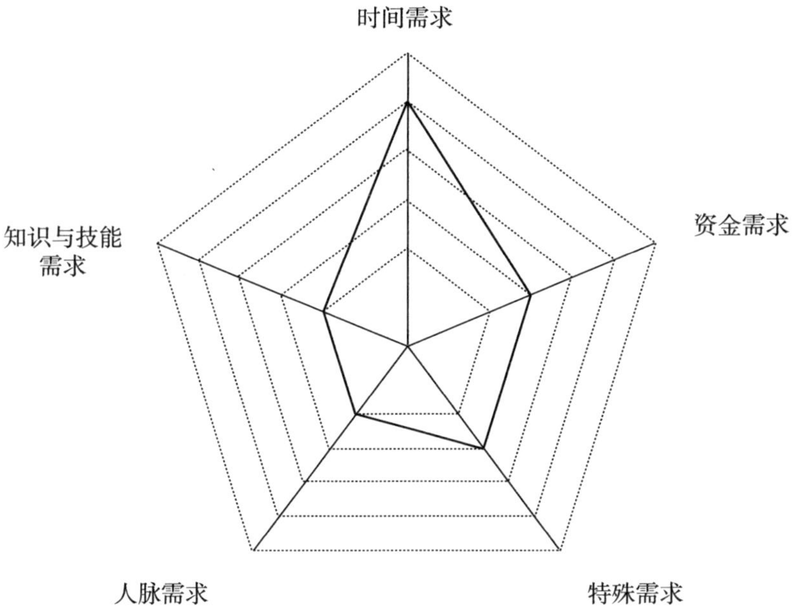

图7-3　五个维度评估外卖骑手项目

从整体上来看，外卖骑手的工作要求和限制较少。从项目需求情况来看，外卖骑手项目有以下几个特点。

维度一：时间需求

外卖骑手工作起来需要占用大量的时间。所有的收入都是一单一单送出来的，这就需要大量的时间。因此，选择该副业前，先要对自己能够付出的时间进行评估。从事该项目与网约车相似，也需要满足这样一些要求。

其一，全职工作能够准时、准点下班，而且不算太累。如果从事的是经常加班的工作或者付出体力、精力较多的职业，则很难再从事外卖骑手行业了。毕竟全职工作已经让自己精疲力竭了，若再从事外卖骑手工作不仅赚钱困难，还可能会引发其他安全事故。

其二，家庭负担不能太重。若家庭中有需求花费时间照顾的亲人，则无法全力跑业务，这也会对收入造成一定的影响。

维度二：资金需求

以外卖骑手为副业，对资金和设备的要求要低于网约车，这也是从事该工作的人更多的原因。按照目前外卖平台的要求，想要成为一名“外卖骑手”，需要自己配备电动车、服装、保温箱等，这部分装备需要付出一定的金钱。同时，外卖平台还会从每天的收入中拿出一小部分（如3元）购买意外保险。毕竟送外卖也是一个有风险的工作。

维度三：知识与技能需求

原则上来说，外卖骑手只需具备基本的骑电动车的技能即可。不过，随着外卖骑手行业不断规范，对外卖骑手的要求也越来越多。对于这些要求，在加入外卖骑手平台时，平台机构都会给予相应的指导。

维度四：人脉需求

一般来说，外卖骑手行业对人脉没有什么需求。但若自己的人脉较广，还是或多或少能够起到一定助力作用的。

维度五：特殊需求

与网约车司机相比，外卖骑手几乎没有什么特殊限制，这也是很多人愿意且能够进入该行业的原因。

2. 外卖骑手成功的关键因素

进入外卖骑手行列是非常容易的，但要想做好、收入更高则不容易。影响外卖骑手项目成功的因素包括如图7-4所示的几项。

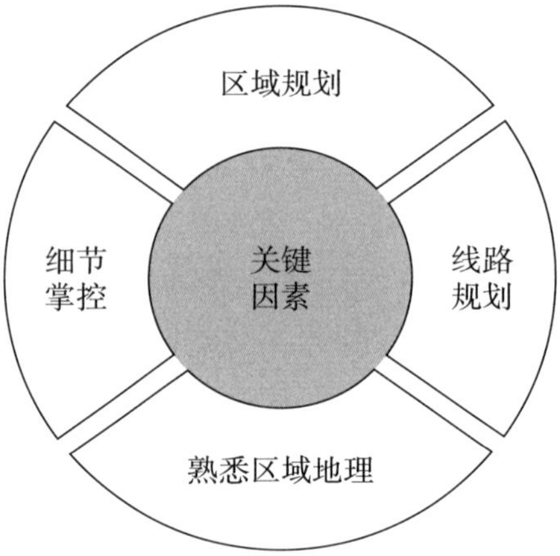

图7-4 外卖骑手成功的关键因素

第一，区域规划。

送餐区域的设定非常重要。如果自己接单范围内上班人群较为集中，那么，无疑可以让自己用最少的时间接更多的单子。不能见到单子就接，因为你送这一单的时间，可能会错过更多单子。

第二，线路规划。

合理规划派送路线与行程。送单路径规划得好，可以大大节约送餐路上的时间，也可以大大提高送餐的效率。如果出车送餐的路上还可以同时接送其他几个单子，就能让自己多挣一些钱。

第三，熟悉区域地理。

对派送区域熟悉的程度，直接影响送单的效率。休息的时候多逛逛自己经常送单的区域，了解每个小区的大门，每一栋楼大致的位置，在送餐时能尽快地找到对应的位置。

第四，细节掌控。

细节决定成败。从以往成功的案例来看，对整个派送过程细节掌握越多的人，就能获得更高的收入。具体的细节包括如下几个方面。

（1）楼层数不是很高的外卖单，不一定非要死等电梯，步行上楼可以更快地完成配送。

（2）摸清商家的套路。有些商家处理外卖单比较缓慢，就可以晚点儿去取餐；有些商家处理得较快，就可以早点儿去取餐。

（3）入手一辆好用的坐骑也是必需的。尤其是电动车的电瓶要强大一点儿，每充一次电尽可能多跑一些距离，这个很重要。

3. 外卖骑手项目核心操作环节

外卖骑手项目需要重点关注以下几个环节。

（1）外卖骑手平台的选择。

目前，由于行业兼并的推进，可供选择的外卖平台已经不多。比如原来的大众点评外卖业务被美团收购，百度外卖被饿了么收购，因此想要从事外卖骑手工作的人大多从美团外卖和饿了么两个平台中选择。

加入外卖平台比较简单，只要进入某一外卖平台的界面，直接填写报名信息即可。图7-5所示为美团外卖的报名界面。

（2）外卖骑手平台的处罚措施。

外卖平台为了督促外卖骑手努力提升送餐服务质量和速度，都会设置一些处罚条款，有些条款比较苛刻。

具体内容会涉及以下几个方面。

第一，送餐时间是否延误。延误几乎是外卖骑手工作中的一部分。送餐延误的原因可能有很多，诸如商家出餐慢、天气原因、顾客不接电话、等电

图7-5 美团外卖报名信息界面

梯等。一般来说，若被客户投诉超时，需要进行相应的申诉，尽量争取自己的权利。当然，若申诉没有成功也没关系，不能影响下一单送餐。

第二，送餐服务态度是否友好。在骑手遭到客户投诉时，平台就会扣钱，因此，如果原因不在自己这方面，也要尽可能地进行申诉。

第三，外卖骑手接单后取消，也是要被扣钱的。可能有些外卖骑手光顾着抢单，忽视了送餐区域，接单后取消就容易被扣钱，这一点事先要有所了解。

第四，外卖骑手未遵守相应的规程，造成配送错误、配送缺少、送错地址等，也要被扣钱。

第五，外卖骑手接单后不配送或者商家出餐后15分钟未取，导致客户取消等，也要被扣钱。

总之，想要做外卖骑手，就需要在入场前熟悉和了解各个平台的规则，不能稀里糊涂地干了好长时间，最后却没挣到钱。

三、替人跑腿：靠替别人“省事”赚钱

替人跑腿，就是替人跑腿办事，在帮助别人办事和节省时间的同时，自己获得一定的酬劳。一方面，随着懒人经济的兴起，越来越多的人开始选择将自己不愿意花时间做的事外包出去；另一方面，很多外地人到一个陌生的城市后，如果有很多事情要办，忙不过来，就需要有人提供跑腿服务，正因如此，替人跑腿业务开始兴起。

马先生的家在一个温泉旅游区的附近。原本是在一家商贸企业上班。早九晚六，一成不变。工作虽然不累，但收入不高，且还是坐班制，无特别事不能长时间离开办公地点。

“温泉养生热”兴起后，很多老年人结伴来到温泉旅游区旅游、泡温泉。由于对于温泉旅游区的环境缺乏了解，很多游客来到景区后，买东西都不太方便。

一次，马先生下班回家的路上，就遇到了几个老年人，向其询问附近的蛋糕店。尽管马先生告诉他们可以通过网上下单的方式来订购。但这些老年人因为没有用手机下单的习惯，所以最后还是走了很多的路，去店里买的蛋糕。这让马先生产生了一个替人跑腿买东西的想法。尤其是周末，可以用自己的空闲时间做一份兼职。

于是，他印了一些名片。直接写着“替人跑腿买东西”。发出去的名片，很快就为他带来了生意。一来二去，他发现原来设想的兼职补贴家用所赚的钱，已经超过了自己的“主业”。

这就是典型的将副业做成主业的案例。一般来说，这类副业的收入不仅不错，而且已经能够超过主业收入了。

目前，替人跑腿业务涉及的范围越来越广泛，而且业务的边缘仍在向外拓展，未来，也许会有更多的业务会纳入其中。

大体上来说，替人跑腿业务包括但不限于以下几类。

第一，代人收取快递、货物等。

第二，代人购物，包括寻找难买的商品、购买日用商品、餐饮、缴费等。

第三，代人取、送、接服务，包括送信、送花、接人等。

1. 项目评估及适用人群

对于很多年轻人来说，替人跑腿确实是一个不错的选择，不仅收入相对丰厚，而且时间还自由。当然，具体是否适合干这个行业，还要从以下五个维度进行分析，如图7-6所示。

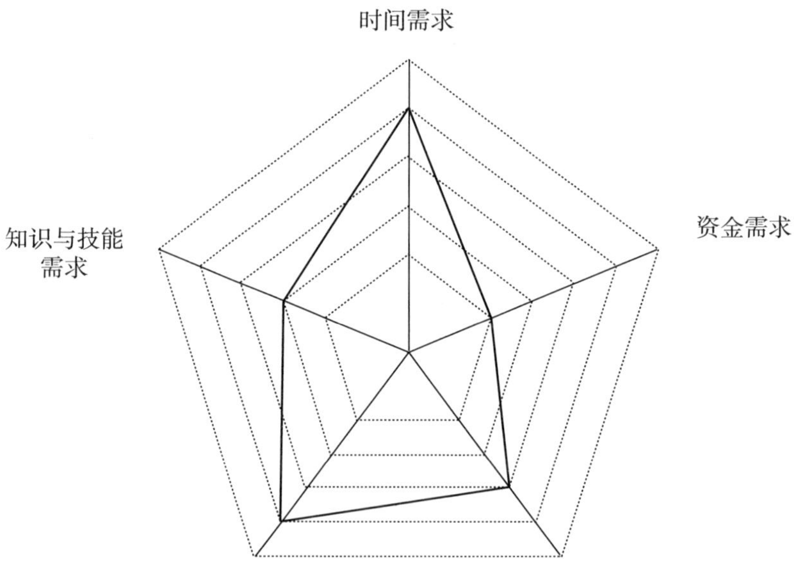

图7-6　五个维度评估替人跑腿项目

从整体上来看，替人跑腿的工作要求和限制较少。从项目需求情况来看，替人跑腿项目有以下几个特点。

维度一：时间需求

替人跑腿需要占用大量的时间。所有的收入都是一单一单送出来的，这就需要大量的时间，因此，选择该副业前，先要对自己能够付出的时间进行评估。

从事该项目需要满足以下要求。

其一，全职工作能够准时、准点下班，而且不算太累。替人跑腿业务就是用自己的时间替换别人的时间，因此，自己的时间必须规划好。

其二，家庭负担不能太重。若家庭中有亲人需要花费时间照顾，则无法全力跑业务，这也会对收入造成一定的影响。

维度二：资金需求

以替人跑腿为副业，对资金和设备的要求很低，基本上不需要自己投入多少资金，因此，这是一个没有任何资金门槛的兼职项目。

维度三：知识与技能需求

原则上来说，替人跑腿是不需要知识与技能的，但若想把这份副业做好，还是需要一定的与客户沟通的技巧，以及与各方面打交道的能力。替人跑腿，肯定要能比别人做得更快、更好才行，这就需要一定的技能。

维度四：人脉需求

一般来说，替人跑腿业务对人脉本身是没有什么需求的。但若自己人脉较广，还是能够起到较大助力作用的。若人脉足够广，很多跑腿业务甚至可以取得事半功倍的效果。同时，积累人脉也是替人跑腿业务成功的关键因素。

维度五：特殊需求

替人跑腿几乎没有什么特殊的限制，这也是很多人愿意且能够进入该行业的原因。不过，从长远发展的角度来看，若是专注某一类业务，就可能在该领域积累更多的人脉和经验，未来开展业务也就更容易。

2. 替人跑腿成功的关键因素

进入替人跑腿行列是非常容易的，但要想做好、收入更高并不容易。影响替人跑腿项目的关键因素包括如图7-7所示的几项。

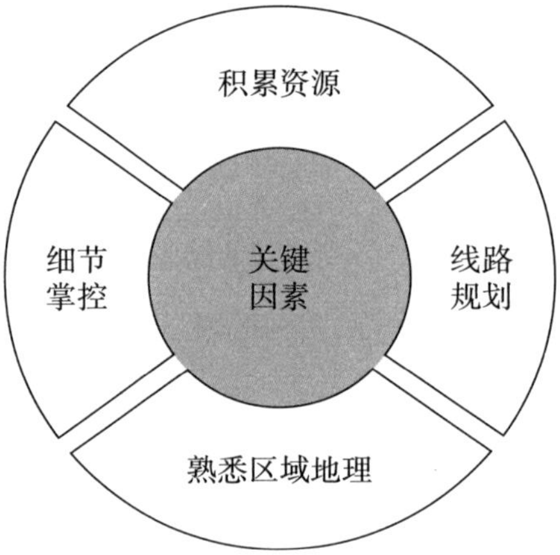

图7-7　替人跑腿成功的关键因素

第一，积累资源。

从事替人跑腿业务，可能会面临各种各样的需求，这就要求从事该业务的人对各方面的信息都有所掌握。同时，为了业务的长远开展，还要与各方面建立关系网络，形成强大的人脉网络。自己的人脉网络越强大，这份业务开展的可能会越好。

第二，线路规划。

合理规划运行路线与行程。替人跑腿需要花费大量的时间在路上跑，因此，合理的路线规划也是不可或缺的。

第三，熟悉区域地理。

对派送区域熟悉的程度，直接影响办事的效率。休息的时候多逛逛自己业务所涉及的区域，了解每个小区的大门、每一栋楼的大概位置，在跑腿时能够尽快地找到对应的位置。

第四，细节掌控。

细节决定成败。从以往成功的案例来看，对整个过程细节掌握越多的人，越能获得更高的收入。具体的细节包括以下几种。

（1）熟练的沟通技巧。与顾客沟通、与自己人脉网络内成员维护关系，都需要一定的沟通技巧。

（2）有些时候，多学习一些知识，也会让自己的业务“更上一层楼”。

（3）多掌握一些“抄近路”的方法，对提升收入的效果更为明显。当然，这种“抄近路”的方法需要在工作中不断地总结获得。

3. 替人跑腿项目核心的操作环节

替人跑腿项目需要重点关注下面几个环节。

（1）自己干还是帮别人干。

目前，替人跑腿业务已经形成了一个产业链，很多企业还开发了自己的“替人跑腿”APP软件。对于想要从事该项目的人，目前有了两个选择：其一，自己做；其二，在一些“替人跑腿”APP上注册，然后由这些机构派单，这就有点儿像送外卖。

给别人做的好处是，自己不用去开发客户，这样比较省事；缺点在于受到机构的限制，还要被抽成等。

若是选择自己单干就省事多了，时间管控起来也相对比较容易，但是否能够接到单子，就是另外一回事了。

（2）打响自己的“招牌”。

选择自己单干，就需要有一种品牌意识。让所有找你帮忙的人，都能自发地成为你的“宣传员”，当然，这需要在服务质量上多下一点儿功夫。

四、万能修：小修小补，也能挣“外快”

对于擅长做各种室内工程的人来说，可供选择的副业更多。在很多人对家里的电器、厨房、卫浴设施、洗漱设施等损坏感到无所适从。对于有这类技术的人来说，从事“万能修”这个副业，无疑是最佳的选择。特别是在城市工作的人，修理时间基本上也会以下班时间或休息日为主，这正是做兼职的最佳时间。

李师傅是一家生产企业的检修工，该公司实行“三班倒”工作制度。也就是说，李师傅每工作一个班次后，就会有两个班次的休息时间。

李师傅住的小区内，很多人都知道他是一个专业修理工，很多人家里管道坏了，电器坏了，都来找他帮忙修理。李师傅也是个热心人，几乎来者不拒。找李师傅帮忙维修，需要的配件需要自己买，但有时候购买回来的零配件规格不对，另外，总找李师傅维修也有些不好意思，于是，很多人建议李师傅直接把这个“帮忙”当成业余工作得了。这样，大家再找李师傅“帮忙”时，就不会不好意思了，而且李师傅也可以通过这个工作补贴一点儿家用。再者，李师傅还可以帮助这些“客户”购买所需的配件，这样大家都方便。

李师傅也觉得这是一个好主意，于是他印制了一些名片，根据小区内的维修情况，还准备了一些常用的配件，充实了一下自己的“工具箱”。

后来，“万能修”李师傅的名头越来越响，来找他帮助的人也不再局限于本小区，李师傅挣的“外快”也越来越多了。

对于手上有些技术，愿意在下班和休息时间做点儿副业的人来说，做维修这个副业其实是非常不错的。城市里上班族越来越多，特别是现在的年轻人，对维修这类事情懂得越来越少，也越来越不愿意碰了，因此，这类副业的“钱景”还是相当好的。

1. 项目评估及适用人群

万能修这个副业工作不是谁都能做的。当然，具体是否适合干这个行业，还要从以下五个维度进行分析，如图7-8所示。

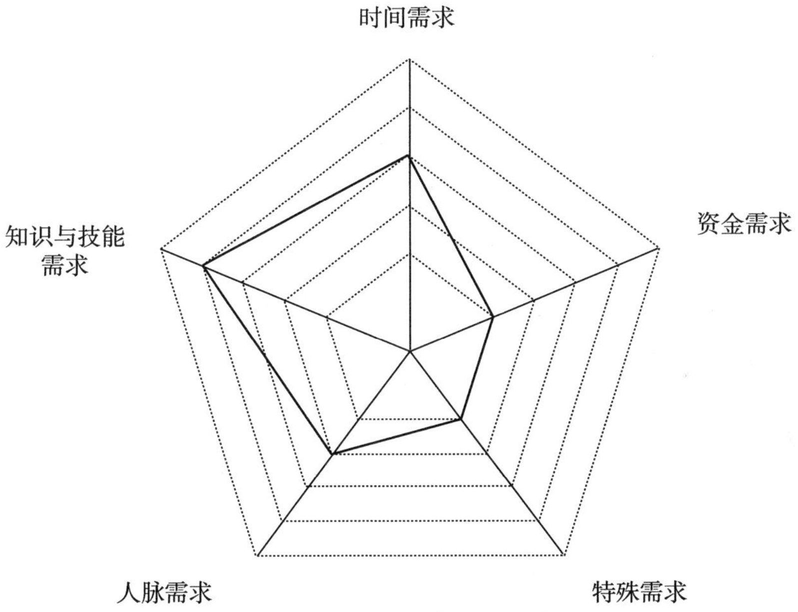

图7-8 五个维度评估万能修项目

从整体上来看，万能修的工作要求和限制较少。从项目需求情况来看，万能修项目有以下几个特点。

维度一：时间需求

万能修需要占用一定的时间，但在时间的需求方面，大部分时间还是可以自己掌控的，只在别人有需求时才会出去。

维度二：资金需求

以万能修为副业，对资金和设备的要求很低，或者没有什么资金要求，只要自己准备一些修理工具即可。

维度三：知识与技能需求

这是一个对知识和技能要求较高的工种，能够从事这一工种的人，需要懂的技能比较多，而且能够对普通家庭的水电线路、水暖线路等有相当程度的熟悉和了解。另外，不仅要求懂得多、懂得杂，还要有排除绝大多数故障的能力，否则自己的业务也就开展不下去了。

维度四：人脉需求

严格来说，万能修工作对人脉还是有需求的，开始兼职时，需要靠以前的人脉关系来打开局面。

维度五：特殊需求

除了维修相关的知识与技能外，一般不需要其他的特殊技能。

2. 万能修成功的关键因素

将万能修作为副业，并且获得成功的因素包括如图7-9所示的几项。

第一，过硬的技术。

过硬的技术是能够从事这种副业，甚至将副业做成主业的关键所在。大家需要的是能够给他们解决问题、排除故障的人，只有技术过硬，才能使整个副业项目能够持续下去。如果对于客户求助的问题不能很好地解决，那么，下次他们就会找别人去解决了。

第二，积累资源。

从事万能修业务，可能会面临各种各样的需求，这就要求从事该业务的人对各方面的信息都有所掌握，包括小区内的水电线路、排水系统情况等。

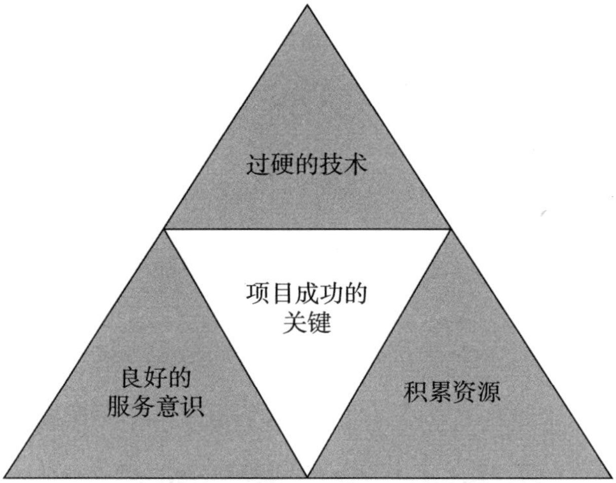

图7-9　万能修成功的关键因素

同时，对各种零部件的规格及其价格也要有所了解，甚至可能要常备一些维修可能需要的零部件等。

第三，良好的服务意识。

既然这个项目已经成为自己的副业，那也就是自己的挣钱途径了，自己需要对工作、对客户抱有敬畏之心。工作有主业与副业之分，但服务意识可没有差别，良好的口碑是自己的副业能够持续推进的基础。

3. 万能修项目核心的操作环节

万能修项目需要重点关注以下几个环节。

（1）自己干还是帮别人干。

目前，万能修业务已经形成了一个产业链，很多企业还开发了自己的“万能修”APP软件。因此，对于想要从事该项目的人，就有了两个选择：其一，自己做；其二，在一些“万能修”APP上注册，由这些机构派单。

给别人做的好处是，自己不用去找客户，这样比较省事；缺点在于需要接受机构的管理，收入还要被抽成等。

若是选择自己单干就省事多了，时间管控起来也更容易，但是否能够有足够多的接单，就是另外一回事了。

（2）打响自己的“招牌”。

选择自己单干，就需要有一定的品牌意识。让所有找你维修的人，都能自发地成为你的“宣传员”，对于持续提升自己的业务具有极大的推动作用，当然，这就需要在服务上多下一点儿功夫。

五、收纳师：还客户一个更整洁的家

收纳师是一个既可以兼职又可以全职的职业，也是一个新兴的职业。用通俗的话来说，这个工作就是用自己的专业劳动，给客户创造出一个更加整洁的家。收纳师的工作还是有一定技术含量的，毕竟需要对各类生活用品进行分类、整理，并根据客户房屋布局情况进行设计和收纳。

李小姐是一家公司的前台，平时工作相对轻闲，就是工资不是很高。李小姐对房间整洁有一种执念，她喜欢整理房间，无论是自己家还是去朋友家，她都喜欢将空间整理得井井有条。

她的朋友们强烈建议她去考个收纳师的资格证，然后做个兼职的收纳师，这样也可以名正言顺地让李小姐帮助自己整理屋子。

李小姐也认为这是个好主意。她顺利地考下资格证后，先帮几个朋友重新安排、整理房间，将其作为自己的样板间，并且要求朋友帮忙宣传一下。这几个朋友也不遗余力地在各自朋友圈帮忙推荐李小姐的服务。

很快，李小姐就正式开始接外单了。由于李小姐办事认真、负责，很多客户还与她订立了长期合约，即每隔一段时间来整理一下房间。

没过多久，李小姐的业务就开展得有声有色了。

城市里上班族越来越多，很多人都没有时间整理房间，于是，一个新兴的职业就此诞生。特别是最近两年，人力资源和社会保障部还推出了“整理收纳师”职业标准，这也为该职业走向标准化提供了支持。

1. 项目评估及适用人群

收纳师这个副业需要有一定的职业敏感性，即对收纳、整理有一定的偏好。当然，具体是否适合干这个行业，还要从以下五个维度进行分析，如图7-10所示。

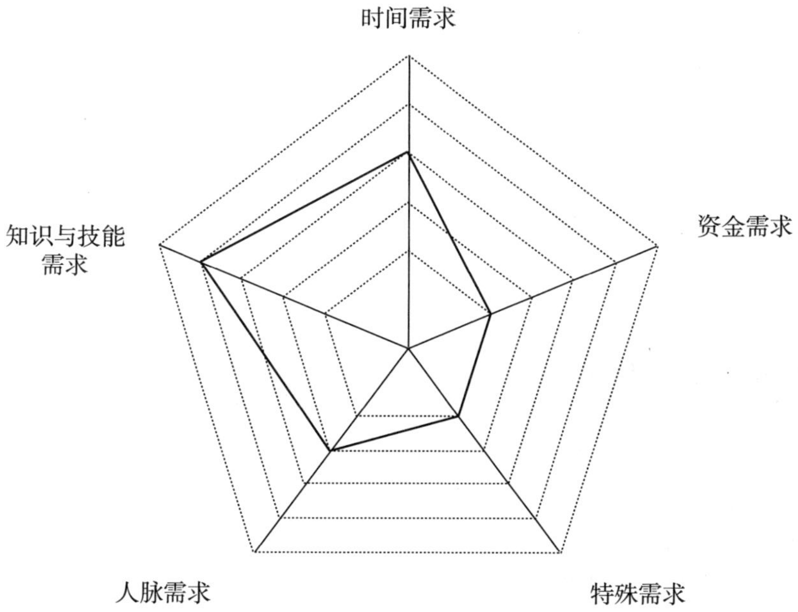

图7-10 五个维度评估收纳师项目

从整体上来看，收纳师的工作要求和限制较少。从项目需求情况来看，收纳师项目有以下几个特点。

维度一：时间需求

收纳师需要占用一定的时间。但是，在时间需求方面，大部分时间还是可以自己掌控的，只是在别人有需求时才会接单。

维度二：资金需求

以收纳师为副业，对资金和设备的要求很低，或者基本没有什么资金要求。当然，若上岗前去参加一些培训，可能也会产生一定的培训费用。

维度三：知识与技能需求

这是一个具有行业规范与要求的岗位。尽管这些标准并不太高或者很容易达标，但也是行业特有的规范和标准。同时，还要能够根据客户房间的特点，制订有针对性的收纳规划。

维度四：人脉需求

严格来说，收纳师行业对人脉还是有一定需求的。一般情况下，开始兼职时，都是靠以前的人脉关系来打开局面。

维度五：特殊需求

除了收纳等基本知识和技能外，还需要具备相当大的耐心和细心，具有必要的服务意识等。

2. 收纳师成功的关键因素

将收纳师作为副业，获得成功的因素包括如图7-11所示的几项。

第一，过硬的技术。

这是能够从事这种副业，甚至将副业做成主业的关键所在。其实，大家需要的肯定不是一次、两次的整理，而是长久的整理服务。因此，收纳师不仅要能够提供收纳整理服务，最好还能够制订有针对性的整理方案或规划建议等。当然，这些内容的背后就是过硬的知识和技术。

第二，良好的服务意识。

既然这个项目已经成为自己的副业，那就是自己的挣钱途径了，自己需要对工作、对客户有一定的敬畏之心。工作有主业与副业之分，但服务意识

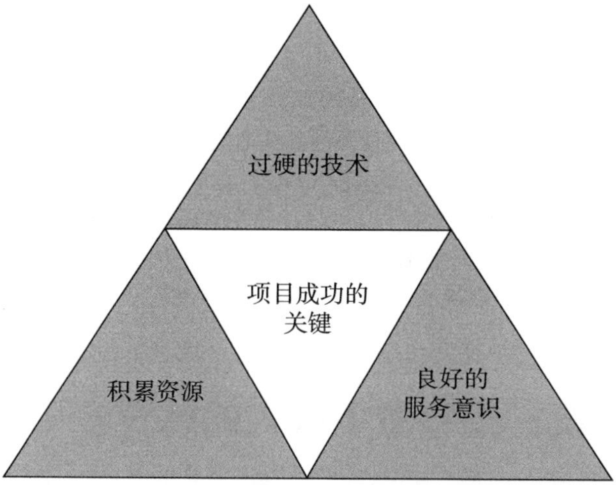

图7-11　收纳师成功的关键因素

不能有差别，良好的口碑是自己的副业能够持续推进的基础。

第三，积累资源。

从事收纳师业务，可能会面临各种各样的需求，这就要求从事该业务的人，需要对各方面的信息都有所了解。尤其是对各种户型的房间，采用何种收纳方案也要事先有所准备，这些都需要不断地积累资源。

3. 收纳师项目核心的操作环节

收纳师项目操作环节需要重点关注以下几个环节。

（1）收纳师的培训。

作为一种新兴的业态，很多地方都出现了专门的、有针对性的收纳师培训班。这些培训班收费金额不等，其培训内容基本上涵盖了收纳服务的标准与规范等。若有培训需求的话，则需对各个培训机构进行甄选，毕竟培训市场较为混乱，鱼龙混杂。

（2）介入项目。

在介入该领域初期，开展业务通常都是比较困难的。有时候，通过一些专业的整理收纳机构获得兼职机会也是可行的。不过，这些专业机构往往对兼职人员的要求较高，一般不会与新手合作。

（3）打响自己的“招牌”。

若选择自己单干，就需要具有一定的品牌意识，让所有找你整理收纳的人，都能自发地成为你的“宣传员”。当然，这就需要在服务上多下一点儿功夫，同时还要做好服务后的回访工作，让客户时刻感受到你的心意。

六、兼职司仪：体验做主持人的感觉

据婚庆相关机构统计：目前婚庆典礼中的主持人、司仪属于严重紧缺工种，尤其是专业的婚庆主持人，缺口更大。很多经验丰富的主持人，在节假日有时一天需要赶几个场为人主持婚庆典礼。

对于有临场主持能力、熟悉婚庆典礼流程的人来说，将婚庆典礼的主持人作为兼职项目，也是一个非常不错的选择。

小刘原本在一家企业的培训部任职，也是企业内部的培训师。小刘的一个朋友开了一家婚庆公司，小刘在节假日期间偶尔也过去帮帮忙，对整个婚庆典礼的程序都比较熟悉。

一天，小刘朋友公司的婚庆主持人因家中急事请假了，为了帮朋友救场，小刘勉为其难，充当了一次婚庆主持人。

没想到，以后竟然一发不可收拾，小刘的朋友经常让其帮忙客串婚庆主持人。小刘在不断的锻炼过程中，主持功力越发纯熟，竟成了当地小有名气的婚庆主持，一到节假日，就不断地接到邀约，其每场婚礼的劳务费也跟着水涨船高。

这就是典型的以兼职司仪为副业的案例。兼职司仪，就是通常所说的主持人。中国人历来有重视各类庆典礼仪的传统，因此，一些红白喜事、升学宴、生日宴等，都要搞一个庆典活动。只要有庆典活动，庆典活动的司仪也就是主持人就是不能缺少的。

1. 项目评估及适用人群

对于喜欢讲课、做主持的人来说，兼职司仪项目确实是一个不错的选择，不仅收入相对较高，而且还比较受人尊敬。当然，具体是否适合干这个行业，还要从以下五个维度进行分析，如图7-12所示。

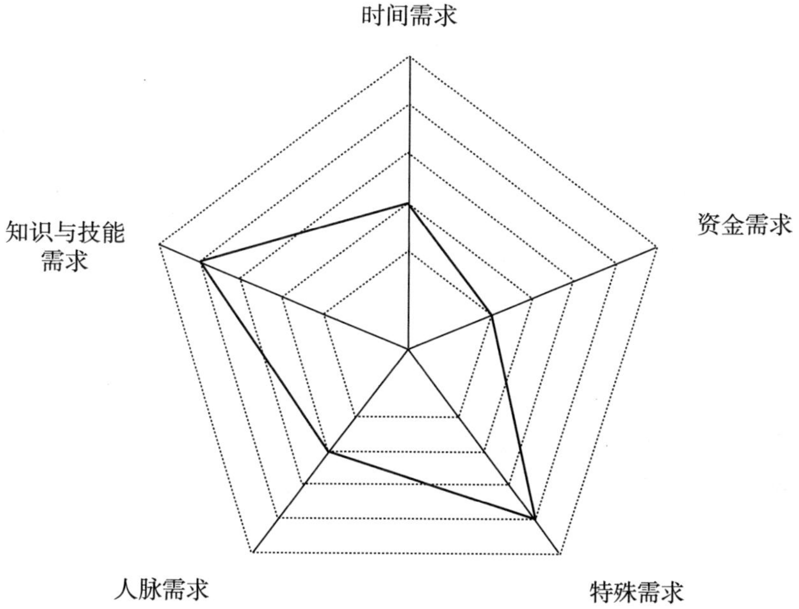

图7-12　五个维度评估兼职司仪项目

从整体上来看，兼职司仪的工作要求和限制还是比较多的。从项目需求情况来看，兼职司仪项目有以下几个特点。

维度一：时间需求

兼职司仪需要占用一定的时间。不过，相比其他兼职项目，各类庆典主持人所需占用的时间并不算多。一个庆典仪式少则十几分钟，多则两三个小时，并不会特别长。当然，这是庆典现场所需的时间，参加这类活动，还需要一定的事先准备时间。总体上来看，这个兼职是可以根据自己的时间进行灵活安排的。

维度二：资金需求

兼职司仪项目几乎不需要任何资金投入，至于需要用钱的地方，则让庆典需求方支付即可。

维度三：知识与技能需求

总体上来看，各类庆典司仪是一个对知识与技能要求较高的职业。从事这一兼职的人，必须具备较强的沟通能力、演讲水平，还要有一定的临场应变能力和控场能力。

其实，从市场上来看，庆典司仪或主持人并不缺少，缺少的还是专业的主持人。当然，这里并不是非要专业科班毕业的，而是需要对各类庆典流程非常熟悉，能够很好地应对突发状况的主持人。

维度四：人脉需求

一般来说，兼职司仪项目对人脉是没有什么需求的。但若自己的人脉较广，还是或多或少能够起到一定助力作用的。

维度五：特殊需求

兼职司仪业务最核心的能力是主持能力，以及对所主持的各项庆典活动流程有较为深入的了解。

2. 兼职司仪成功的关键因素

进入兼职司仪行列是非常不容易的，要想做好也很不容易。影响兼职司仪项目的成功因素包括如图7-13所示的几项。

第一，专业的主持功底。

这是做各类庆典司仪最核心的能力，也是整个项目成功的关键。只有自己的主持功底够专业，那么，打开局面，赢得市场也就是顺理成章的。

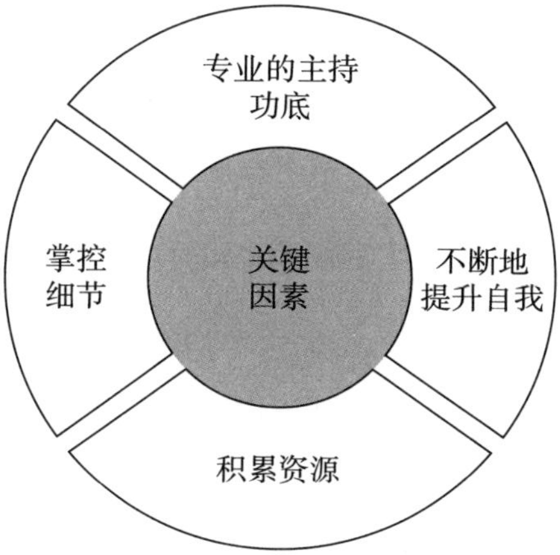

图7-13　兼职司仪成功的关键因素

第二，不断地提升自我。

各类庆典的程序、解说词以及现场情形，都是有所不同的。同时，客户的要求也是不断变化的，这就要求庆典的司仪能够针对各个庆典的特点，组织语言，设计相应的庆典程序、主持词等。同时，市场的需求也在不断地变化，这也需要司仪不断地提升自我，不断完善自我。

第三，积累资源。

一场典礼所需的不仅仅是司仪，还有摄像、舞台布景等工作人员。这些从事庆典相关工作的人，通过互相联系，也可以互相推荐业务，这就是一个小圈子。因此，在实际工作中应该注意积累这类人脉资源。

第四，掌控细节。

一场庆典活动涉及的细节是多方面的。对细节的掌控能力，在一定程度上会影响整个庆典的效果，甚至成败。

3. 兼职司仪项目核心的操作环节

兼职司仪是一个看似非常光鲜，但又需要进行多种准备的一项兼职。要想做好兼职司仪，以下几项准备工作都是要做的。

第一，熟悉各类庆典典礼程序。

在介入该领域前，要多看一些各类庆典的录像，学习、研究整个庆典的程序。当然，也可以报名参加一些类似的培训，更加全面、系统地学习。

第二，在各类庆典现场，从活跃气氛的角度来看，需要准备一些与现场有关的文字、解说词、笑话段子等。这就需要兼职司仪能够事先准备，撰写相关的解说词。平时，也可以多听听相声段子，在需要时能够让自己的语言更加丰富、生动、有趣。

第三，在庆典现场，有时还少不了一些互动环节。当然，也可能会有一些超预期的突发事件，比如醉酒情况、场面失控情况等，这些都要提前制订预防性方案，一旦出现这些情况，不至于感到手足无措。

第四，不断地通过实战来提升自己。

在正式做庆典的司仪前，最好能够多参加一些庆典，在现场感受和学习。若能成为庆典司仪的助理，对锻炼提升自己大有好处。

第五，直面第一次登台。

无论事先进行多少次学习和训练，第一次登场都可能会紧张，更可能会因紧张而出错。此时，不妨先向现场嘉宾说明自己第一次登场，这样，现场的嘉宾也会给予理解和支持，对于出现的错误也能够容忍。

除了以上几项外，平时还要多阅读相关书籍，不断地提升自己，丰富自己。

第八章

陪护，一种轻松又赚钱的副业

人们的生活条件越来越好，可工作压力也随之增大，陪护家人的时间越来越少，甚至在周末或假期期间都无法给予陪伴，这就让家人，尤其是老人和孩子备感失落。

有些喜欢养宠物的人，也会因为没有时间照管自己心爱的宠物而郁闷。

于是，一种新兴的兼职业态——有偿陪护在很多城市兴起。

一、陪孩子玩：付出爱心与时间

目前，城市内双职工家庭越来越多。由于工作原因，很多父母陪伴孩子的时间越来越少。有些时候，提前答应陪孩子出游或游戏的计划也没有办法成行。因此，在很多城市，一种新兴职业开始出现——陪孩子玩。这是一种单纯地以陪孩子游玩为主业的工作，包括室内游戏、室外项目，甚至远距离出游陪伴等。

目前，对于喜欢和孩子相处的人来说，这是一个相对比较轻松又可以挣到钱的项目。

李小姐是一家商务公司的前台服务人员，平时工作相对比较清闲，而且上下班比较准时，还不需要加班，只是收入相对低了一些。

一天，在下班回家路过小区内的广场时，看到几个小朋友在玩耍。平时比较喜欢孩子的李小姐在旁边看了一会儿，这时，有一个小朋友居然主动过来找李小姐一起玩。李小姐一时兴起，就带着几个孩子玩了一会儿。

后来，其中有个孩子的家长过来，看到李小姐后，就和她聊了起来，说及自己没时间带孩子玩。李小姐无意间说了一句“自己倒是很喜欢和孩子们玩”。

说者无意，听者有心。在互相加了微信好友后，李小姐收到了这个家长一条信息，想问一下李小姐能不能在周末安排时间帮忙带一下孩子，他们愿意付一定的酬劳。

李小姐想了想，觉得这是一个不错的机会，于是就应了下来。后来，小区内又陆续有几个家长找到李小姐，希望能帮忙带孩子玩。

李小姐觉得，既然想要把带孩子玩当成一个副业，就要拿出点儿东西来。她在带孩子的同时，又学习了一些儿童心理学方面的知识，还收集整理了一些可以与孩子一起玩的游戏项目。

长期下来，李小姐发现，自己兼职陪孩子玩赚的钱已经快赶上上班收入了。虽然陪孩子玩有时也挺累的，但自己感觉过得更充实了。未来，她甚至考虑辞职，专门成立一个陪孩子玩的机构。

这就是典型的以陪孩子玩为副业的案例。陪孩子玩，听起来是玩，实质上是非常累人的一项工作。由于孩子的精力比较旺盛，喜动不喜静，因此，一般年轻人才能够选择这份工作。陪孩子玩涉及的项目范围，一般包括以下几类。

第一，室内陪玩，包括各类室内游戏项目。

第二，户外陪玩，包括球类等各类运动项目、游戏项目。

第三，远途旅行，这是有特殊需求的家长可能会涉及的项目，包括郊区游、省内游甚至国内游等。

1. 项目评估及适用人群

对于喜欢孩子的人来说，陪孩子玩项目确实是一个不错的选择，不仅收入相对较高，而且时间还自由。当然，具体是否适合干这个行业，还要从以下五个维度进行分析，如图8-1所示。

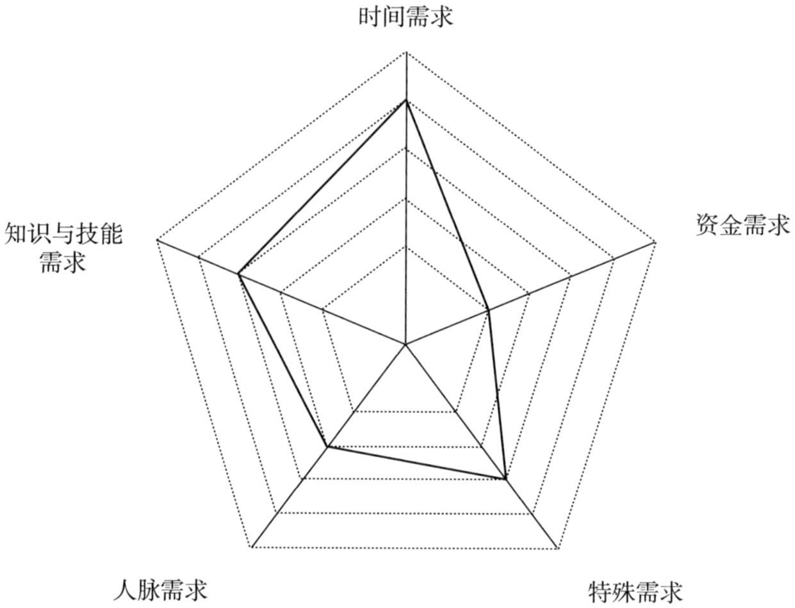

图8-1 五个维度评估陪孩子玩项目

从整体上来看，陪孩子玩的工作要求和限制还是比较多的。从项目需求情况来看，陪孩子玩项目有以下几个特点。

维度一：时间需求

陪孩子玩需要占用大量的时间。这个项目本质上就是用自己的时间来替换家长的时间，因此，一般适合没有成家、刚毕业参加工作的年轻白领，或者在校大学生。

维度二：资金需求

陪孩子玩这个项目几乎不需要任何资金投入，至于需要用钱的地方，则让孩子的家长支付即可。

维度三：知识与技能需求

原则上来说，陪孩子玩这个项目只要需付出自己的时间和精力即可，不应该对知识和技能有要求。但在实际的工作过程中，家长肯定不希望将孩子交给不懂孩子的人，因此，基本的与孩子互动沟通能力、基本的儿童心理学知识还是要了解一些的。同时，陪孩子玩，不能简单、被动地见到什么玩什么，肯定需要一些引导。因此，一些互动游戏项目也是必须准备的。若要陪孩子出行，则相关的旅行知识也是需要准备的。总之，必须将陪孩子的细节考虑到位、准备到位。

维度四：人脉需求

一般来说，陪孩子玩这个项目对人脉是没有什么需求的。但若自己的人脉较广，还是或多或少能够起到一定的助力作用。

维度五：特殊需求

陪孩子玩这个项目最大的一个特殊需求就是要有爱心，对孩子有爱心。若是缺乏爱心或者不喜欢孩子，建议还是不要从事该项目。

2. 陪孩子玩成功的关键因素

进入陪孩子玩的行列是非常容易的，但要想做好、收入更高则并不容易。影响陪孩子玩这个项目的成功因素包括如图8-2所示的几项。

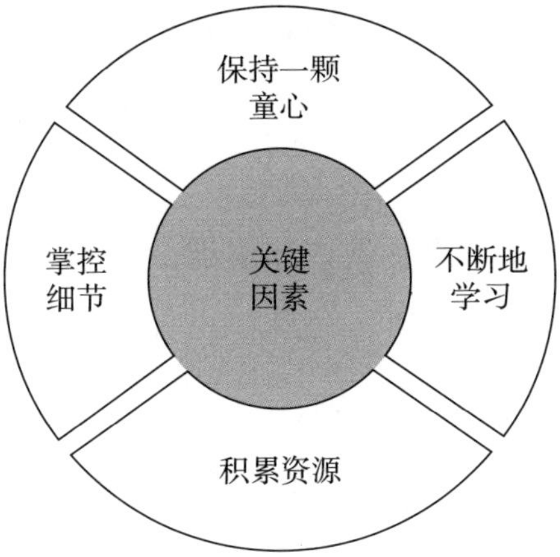

图8-2　陪孩子玩成功的关键因素

第一，保持一颗童心。

陪孩子玩就是要保持一颗童心，只有这样才能与孩子形成良好的互动和沟通。孩子喜欢和你一起玩，你的项目才能继续开展下去，家长才愿意来找你。

第二，不断地学习。

陪孩子玩，看起来简单，做起来难。不能每次陪孩子都玩相同的项目，这样孩子也会感到乏味。因此，自己需要不断地学习，开发一些新的游戏项目或互动项目，让孩子永远保持一颗好奇心。同时，最好还能根据孩子的特点开发一些有针对性的项目，这会为自己的事业增光添色。

同时，与孩子互动、交流和沟通，也需要一定的儿童心理学知识和沟通技巧，这都需要不断地学习。

第三，积累资源。

把一份事业持续地推进下去，就需要各类资源的支持，包括客户资源、项目资源等。这都需要从事这份工作的人不断地积累各方面的资源，才能让自己的事业越做越好。

当然，在积累各方面资源的同时，还要不断地总结经验和教训，不断地提升与改善自我。

第四，掌控细节。

陪孩子玩项目做起来不难，做好却很难。与孩子打交道，需要处理的细节非常多，这都需要注意与管控。

这些细节包括但不限于以下几项。

第一，针对孩子身体的细节。陪玩过程中，必须保证孩子不能受伤，也不能因自己管控不善导致孩子受热、受凉等。

第二，与孩子游戏过程中有关的细节。包括游戏材料的准备、场地的安排、游戏进程安排等，很多事情都要做到心中有数。

第三，与家长衔接的细节。除了沟通技巧外，还要重点谈及与孩子游戏有关的学习、能力方面的问题，提醒家长关注孩子某方面的能力培养等。总之，要让家长感受到即使是陪孩子玩，你也是最专业的。

3. 陪孩子玩项目核心的操作环节

陪孩子玩这个项目需要重点关注以下几个环节。

（1）自己干还是帮别人干。

与其他项目相似，这也是做这个项目前需要考虑的问题。目前，陪玩机构有很多，他们也愿意招募一些能够陪玩的人。加入这些机构，可以让自己省去很多与顾客和家长沟通的时间，但弊端是不自由，还要受机构种种条件的制约。

自己干的好处就是自由，缺点是需要自己寻找客户，且前期收入可能并不理想。

（2）一个优秀的陪玩者，需要学习和掌握相应的能力。这些知识和能力包括儿童心理学知识、教育学知识、基本的沟通技巧等。

（3）建立自己的游戏库，包括室内游戏、室外游戏等。建立游戏库的方式可以通过网络或者购买相关书籍收集相关的游戏项目，再根据这些游戏的特点进行分类。这样自己在给客户（陪玩的孩子）安排游戏项目时，能够清晰了解这个游戏可以重点提升哪方面的能力。与孩子的父母沟通时，也会显得非常专业。

（4）建立各类清单数据库，包括出行准备清单、室内游戏材料清单、室外各类游戏材料清单，并且将这些清单做成一个数据库。当自己准备陪孩子玩某个游戏时，就可以调出该清单，然后按清单准备相应的物品和材料。

二、陪伴老人：陪诊与陪聊，发展空间广阔

随着经济的发展，年轻人的工作压力越来越大。也有越来越多的年轻人离开父辈生活的地方，到另外一个城市寻找生存与发展的机会。空巢老人是一个普遍的社会性问题，空巢老人平时没有人陪着聊天，有病看病时也会感到十分不便，特别是随着现代化的诊疗手段应用后，老年人更是感到诸多不便。

于是针对空巢老人的陪诊、陪聊等业务形势开始出现，而且这类业务还非常适合以兼职的形式开展。

张先生是一家文化企业的行政主管，平时工作不是特别忙，也很少加班。张先生比较擅长交际，几乎与什么人都谈得来。

看到网络上很多关于空巢老人缺少陪护的信息，而且很多子女也愿意花钱找人陪自己的父母聊天，张先生觉得这是一个可以尝试的机会。毕竟自己现在有稳定的工作，收入也还可以，兼职若能挣点儿外快当然好，挣不到也无所谓。

于是，张先生在网上和社区论坛发布了一些关于兼职陪老人聊天的广告。没想到的是广告发出后，效果还不错，几乎每天都有人咨询这个业务以及收费情况。当然，在开始启动兼职的初期，真正付诸实践和订购业务的人很少，打电话来咨询的多是老人的子女，他们并不是嫌收费高，而是担心自己的父母受骗，毕竟现在针对老年人的诈骗案件较多。

张先生后来通过自己的努力和真诚，一点儿一点儿地消除了这些人的疑虑，他的业务也渐渐地多了起来。

陪伴老人聊天的业务开展起来其实并不容易。很多老年人固然缺少陪伴，也没有沟通和倾诉的对象，但这并不意味着你从事该项业务后，这些老人就会信任你，和你无障碍地沟通。这都是开展这项业务所需面对的困难和挑战。

陪伴老人可以开展的业务包括但不限于以下几类。

第一，陪老人聊天、旅游。

第二，陪老人看病、问诊。

第三，上门为老人做养生、保健等。

1. 项目评估及适用人群

对于喜欢聊天的人来说，陪伴老人项目确实是一个不错的选择，不仅收入相对可观，而且时间还自由。当然，具体是否适合干这个行业，还要从以下五个维度进行分析，如图8-3所示。

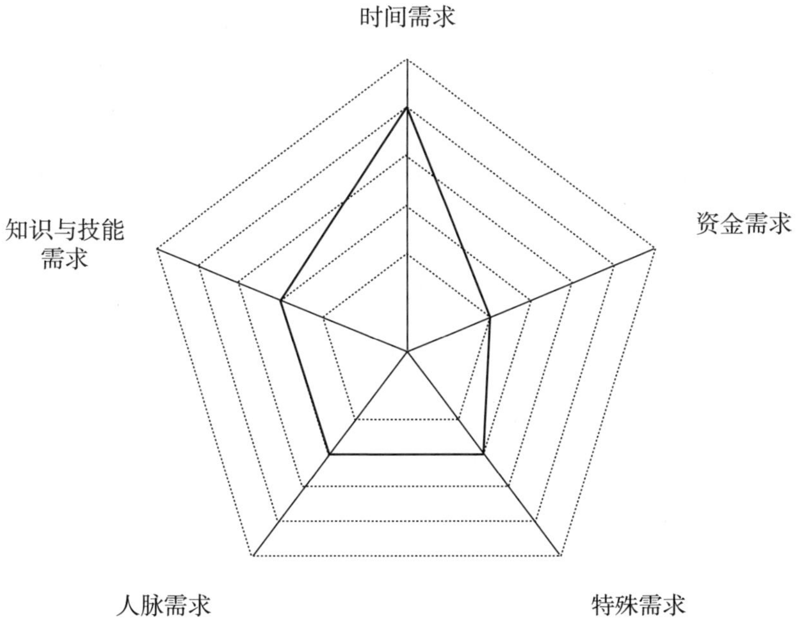

图8-3　五个维度评估陪伴老人项目

从整体上来看，陪老人的工作要求和限制还是比较多的。从项目需求情况来看，陪伴老人项目有以下几个特点。

维度一：时间需求

陪伴老人需要占用大量的时间。这个项目本质上也是用自己的时间来替换老人子女的时间，因此，需要有大量的业余时间才能参与。

维度二：资金需求

陪伴老人项目几乎不需要任何资金投入。至于需要用钱的地方，则让老人的子女支付即可。

维度三：知识与技能需求

原则上来说，陪伴老人项目只需要付出自己的时间和精力即可，不应该对知识和技能有要求。但在实际工作的过程中，老人的子女肯定不希望自己花钱请来的人连基本的沟通能力和沟通技巧也没有。通常来说，若以陪聊为主的业务，需要具备基本的沟通能力，还能够针对老人的兴趣、爱好展开相应的话题；若以陪诊为主的业务，则需要对相关医疗机构的诊疗流程非常熟悉等。

也就是说，无论侧重哪方面的业务，都需要具备相应的知识储备。

维度四：人脉需求

一般来说，陪伴老人项目对人脉是没有什么需求的。但若自己的人脉较广，还是或多或少能够起到一定的助力作用。

维度五：特殊需求

陪伴老人项目最大的一个特殊需求就是爱心与耐心。有时候，对待老人就要像对待孩子一样保持足够的耐心。

2. 陪伴老人成功的关键因素

进入陪伴老人的行列，并将其做好其实是一件非常不容易的事。影响陪伴老人项目的成功因素包括如图8-4所示的几项。

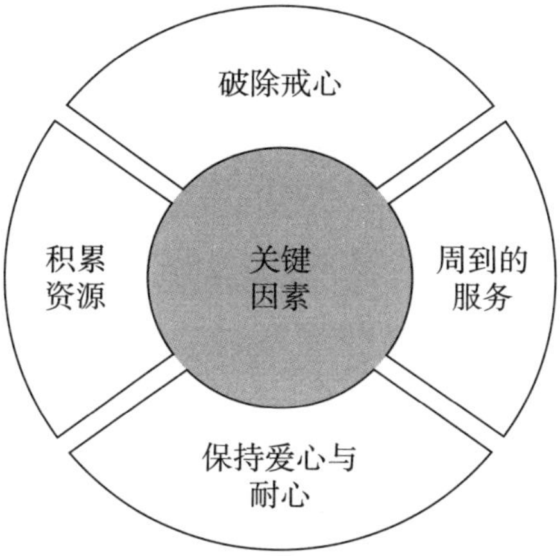

图8-4　陪伴老人成功的关键因素

第一，破除戒心。

由于针对老年人的诈骗案件频发，使得很多老人的子女对于接触他们父母的人都比较警惕。因此，这类服务开展初期，往往并不会特别顺利。破除客户的戒心，是做好这个项目的第一步。一般来说，在项目启动初期，最好能够从身边人入手，不断地通过建立信任培养客户群。

第二，周到的服务。

陪伴老人业务本质上也是一种服务，只有服务好了，才能赢得客户。不过，将老人服务好并不容易，需要与老人寻找共同感兴趣的话题，需要针对老人的疑问提出解决方案等。如果是陪诊服务，还需要通过熟练的操作赢得老人的认同。

第三，保持爱心与耐心。

老人与年轻人不同，在很多问题或者事情上的行为、动作都可能比较缓慢。因此，在与其交流、沟通的过程中，需要给予更多的关照、理解，始终保持爱心与耐心。只有客户满意了，后面才会继续要求提供服务，这样业务也就能够展开了。

第四，积累资源。

把一份事业持续地推进下去，就需要各类资源的支持，包括客户资源、服务资源等。这都需要从事这份工作的人不断地积累各方面的资源，这样才能让自己的事业越做越容易。

当然，在积累各方面资源的同时，还要不断地总结经验和教训，不断地提升与改善自我。

3. 陪老人项目核心的操作环节

陪伴老人特别是陪老人聊天，掌握一定的聊天技巧是其中的关键。实际应对中需要重点关注以下几个环节。

第一，理解思维方式的不同。不同年龄的老人，思维方式也是不一样的。要根据老人的年龄或出生年代，考虑不同的思维方式，设计不同的聊天方式。

第二，多从老人的爱好入题。只有聊老人感兴趣的话题，双方才能产生共鸣，谈话才能持续下去。为何很多老人的子女都没法与老人沟通？就是因为感兴趣的话题不同。从事该项目的人，必须先了解自己客户的兴趣、爱好，然后再一点一点地展开谈话。比如，很多老大爷都喜欢下棋、钓鱼、养生等，而老奶奶则喜欢聊聊家常和电视剧等。

第三，老人的儿孙也是其最为关注的焦点，也可以作为聊天的核心。一般来说，多夸奖一下这些老人的子女、儿孙甚至重孙，能获得老人更多的好感，也更容易建立融洽的关系。

第四，可以多倾听。多数老人比较怀旧，也比较爱讲以前的故事。因此，多向老人了解一些以前的事情，他们会非常感兴趣，也更容易打开话匣子。

第五，控制好语速。老人的思维不像年轻人那么活跃，而且很多老人的耳朵也不太好使，因此，和老年人聊天时，语速不要太快，要刻意地放慢节奏。

三、陪宠物：遛宠物也能成为一种兼职

目前，城市里养宠物的家庭越来越多。随着养宠物的家庭增多，一种新兴的职业——宠物师也日渐兴起。与宠物有关的产业，包括宠物食品、宠物医院、宠物托管机构、宠物美容机构等。同时，一些想要从事兼职的人，也可以在这个行业内找到合适的机会，比如遛宠物。

兼职遛宠物，是指在节假日或休息时，接受宠物主人的委托，代替宠物主人遛宠物，如宠物狗、宠物猫等。一般情况下，在宠物主人出差或旅行短期无法回家照顾宠物时，会产生这种需求。在北京、上海等大城市，节假日期间这类需求会明显增加。

小李是一个宠物爱好者，平时就想养一个宠物，但碍于自己参加工作不久，还没有买房子，因而这个愿望一直没有实现。

后来，在十一黄金周时，她在社区论坛上看到有人发的求人帮助遛宠物狗的信息，小李为之一振。她发现了一个既能实现自己愿望，又可以多赚一份钱的好机会。

她联系了发布信息的宠物主人，原来是宠物狗的主人要出去旅行度假，家里的宠物狗没人遛。放到宠物寄养机构，又怕不会定时遛狗，所以想找一个在这几天里能帮助照顾宠物狗并能定时遛狗的人。

小李看宠物狗主人开出的报酬比较高，就答应下来了。接下来的几天假期里，她没事就带着宠物狗在公园里转转。

假日结束后，宠物狗主人回来后，对小李的工作非常满意，不仅结算了

所有的报酬，还给了一点小费。这让小李着实有些喜出望外。

此后，小李就把帮忙遛宠物当成了自己节假日的一个兼职，只要自己有时间，就去承接这类工作。当然，有时候自己找不到活儿，也会联系一下宠物店。这些宠物店在节假日会接到很多这类的业务，正苦于人手不足。

相对而言，陪伴宠物、遛宠物的业务开展起来难度不是很大。大家还可以适当地拓展业务领域，包括宠物美容、宠物寄存、宠物定时投喂等。

随着城市里养宠物的人越来越多，这项业务的发展空间也十分广阔。

1. 项目评估及适用人群

对于喜欢宠物的人来说，陪宠物项目确实是一个不错的选择。不仅收入相对可以，而且时间还自由。当然，具体是否适合干这个行业，还要从以下五个维度进行分析，如图8-5所示。

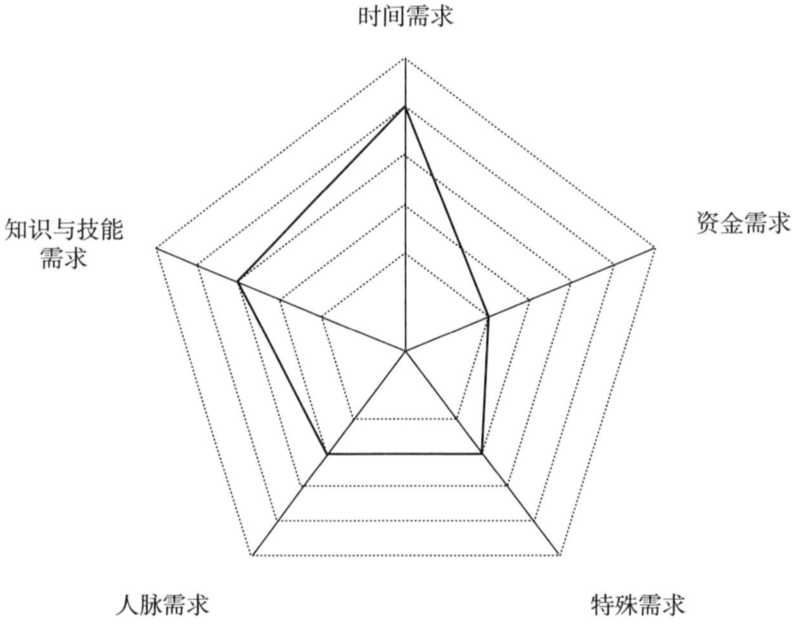

图8-5　五个维度评估陪宠物项目

从项目需求情况来看，“陪宠物”项目有以下几个特点。

维度一：时间需求

陪宠物需要占用大量的时间。这个项目本质上就是用自己的时间来替换宠物主人的时间，因此，参与需要有大量的业余时间。

维度二：资金需求

陪宠物项目几乎不需要任何资金投入，至于需要用钱的地方，则让宠物主人支付即可。

维度三：知识与技能需求

陪宠物或遛宠物，肯定不是简单地将宠物狗带出来走一圈那么简单，关于宠物的知识也是需要学习的，特别是一些宠物卫生、宠物营养、宠物疾病相关的知识，更是要了然于胸。你不能让宠物主人觉得你对宠物知识一无所知，否则，他们是不会放心将宠物交给你的。

维度四：人脉需求

一般来说，陪宠物项目对人脉是没有什么需求的，但若自己的人脉较广，还是或多或少能够起到一定助力作用的。

维度五：特殊需求

陪宠物项目最大的一个特殊需求就是爱心与耐心。对于宠物主人来说，这些宠物都是心爱的宝贝，要不然也不会花大价钱找人陪护了，因此，他们肯定希望找到对宠物有爱心的人来完成陪护。

2. 陪宠物成功的关键因素

进入陪宠物的行列并将其做好，其实是一件非常不容易的事。影响陪宠物项目的成功因素包括如图8-6所示的几项。

第一，必要的经验。

能够承揽宠物陪护工作，重要的一个前提就是有养宠物的经验。没有养

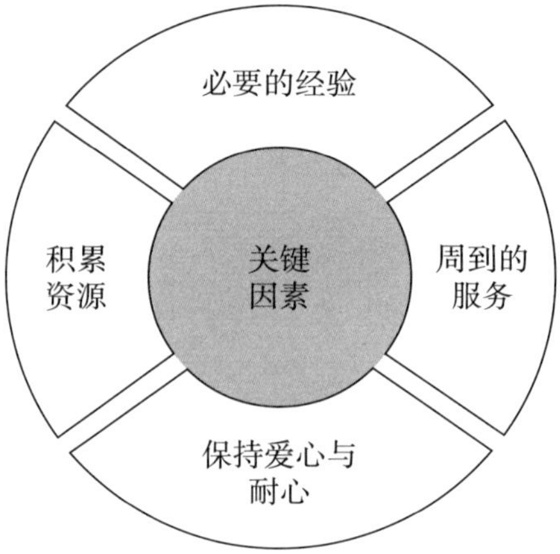

图8-6　陪宠物成功的关键因素

宠物经验的人，宠物主人是不会放心地将宠物交出来的。

第二，周到的服务。

陪宠物业务，本质上也是一种服务，只有服务好了才能赢得客户。当然，将宠物陪护工作做好，就意味着有大量的细节工作要做到位，这些是赢得客户信任的基础。

第三，保持爱心与耐心。

养宠物需要付出爱心与耐心，这是整个陪护类业务的共同特征。要想把陪宠物、遛宠物这个项目持续下去，参与者必须保证能够投入足够的爱心与耐心。

第四，积累资源。

口碑相传是最好的广告。把一份事业持续地推进下去，需要各类资源的支持，包括客户资源、服务资源等，这都需要从事这份工作的人不断地积累各方面的资源，以便让自己的事业越做越容易。

当然，在积累各方面资源的同时，还要不断地总结经验和教训，不断地提升与改善自我。

3. 陪宠物项目核心的操作环节

陪宠物、遛宠物时，细节的掌控可能对整个项目的成败具有重要的影响。下面以宠物狗为例进行说明。

第一，每天遛狗的时间。

狗越大，则需要遛狗的时间越长。一般小型宠物狗以20～30分钟为宜，中型犬以30～40分钟为宜，大型犬需要1个小时以上。

第二，切勿突然进行大量的运动。

在接手任务前，需要了解宠物狗平时的运动时间，应以平时运动时间为宜。如果平时宠物狗很少运动，那么不宜突然进行大量的运动；若宠物狗已经超过7岁，则更应该注意控制运动量。

第三，不要让宠物狗跟着汽车跑。

无论是遛宠物狗还是其他宠物，都要注意：不要让宠物跟着汽车或电动车跑。也就是说，在遛宠物狗或宠物猫时，一定不能骑车或者开车，这样容易给宠物带来较大的风险。

第四，外出前，准备好相应的证件。

在一些养犬重点区域，外出遛狗需要携带相关的证件，包括准养证、束犬链等。兼职遛宠物狗，也需要考虑当地是否有相关要求。

第五，遛宠物地域的选择。

有些地域是需要远离。比如有些公园或草地，是禁止宠物进入的，因此，在遛宠物前需要事先了解。同时，有些草地或者灌木丛中可能会有蜱虫，这可能会传染给宠物，也需要提前注意。有些草地可能会喷有杀虫剂等化学药物，这些药物也可能会给宠物带来危险。

第九章

宝妈兼职：家庭与事业兼顾的选择

之前介绍的自媒体类兼职、分销与销售类兼职，都是适合全职妈妈的副业。本章重点介绍一些全职妈妈做起来可能更为有利的行业。

一、开个网店，灵活经营

在网络销售兴起的年代，网店绝对是一个创业者不错的选择。淘宝开店、微店、拼多多开店等。当然，随着竞争的加剧，想要兼职做网店越发困难，毕竟大多数人的主业还是很难实现同时兼顾两项工作的（网店需要随时回应顾客的咨询与提问）。而对于宝妈们来说，创办一个小型的网店，确实可以实现照顾孩子与赚钱两者兼顾。

小玲原本是一家小型企业的会计，工作并不算太累，但工资也不高。在结婚生子后，她毅然选择做全职宝妈。全职宝妈尽管照顾孩子方面优势多多，但毕竟收入少了相当大的一部分，这也让她感觉压力很大。

琢磨了很多可选的副业后，她将目光停留在前些年比较火的网店上。尽管经营网店竞争激烈，难度较大，但她很有自信。

首先，她将销售的商品定位在宝宝日常所用的商品方面，这样可以结合自己的使用经验做一些推介，连带着做直播都是可以的。

其次，自己的宝宝也是一个天然的模特，这样销售的商品可信度更高，很容易引起宝妈们的共鸣。

第三，坚守清晰的定位。自己并不是什么品牌的幼儿用品都经营，只是根据自己的使用体验，选择性价比高的商品进行销售。

经过一段时间的磨合和运营后，小玲的网店越发活跃起来。小宝宝一天天长大，自己网店的生意也一天天红火起来。

相比各类带货方式，网店的出现更早，门槛较低，但做好很困难。随着时代的发展，网店销售的品类日益增多，日常所用的商品几乎在网店上都可以买到。不过，随着竞争的加剧，顾客对网店服务的要求也越来越高，因此，不能及时给客户提供解答的网店，经营就会变得十分困难，这在一定程度上限制了很多人将网店作为副业的选择。从这一点上来说，全职宝妈的优势更为明显。

1. 项目评估及适用人群

网店项目从理论上来说可以作为所有人的兼职选择，尽管操作方面限制较多。具体是否适合干这个行业，还要从以下五个维度进行分析，如图9-1所示。

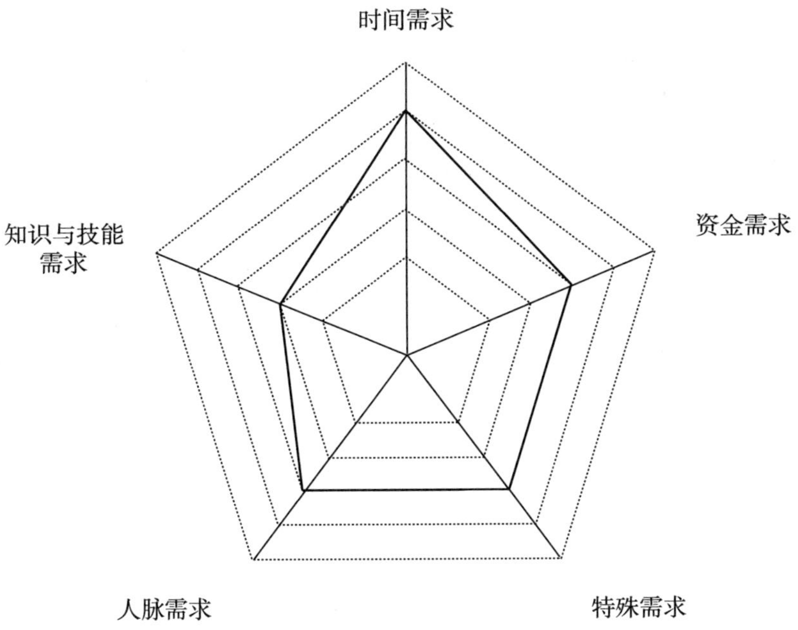

图9-1　五个维度评估网店项目

从整体来看，网店的工作要求和限制还是比较少的，属于进入门槛较低的类型。从项目需求情况来看，网店项目有以下几个特点。

维度一：时间需求

经营网店需要占用一定的时间，不过，这个时间需求与其他行业还是有所不同。经营网店除了进货、上架商品、发物流是自己可以掌控的时间，其他与顾客交流的时间则难以掌控。白天顾客随时提出问题，一般要求能够随时解答，否则客户就可能丢了，因此，经营网店的时间占用也是很高的。

维度二：资金需求

常规的网店经营肯定需要预先批发一定存量的商品，待客户下单后售出，这就需要一定的资金。当然，现在也有一些店铺使用的是“无库存模式”，即顾客从网店下单后，由相关厂商直接发货。这样网店经营者就不用再进行备货了，这也减少了很多资金占用。

维度三：知识与技能需求

从本质上来说，经营网店并不需要什么知识和技能，只要具备基本的网络操作和学习能力即可。在开启网店前，各大网商平台都设有各自的培训课程，以帮助新手迅速完成开店的准备工作。一般来说，这类课程内容还是非常齐全的，从店铺装修、商品上架规则等应有尽有。在正式开店前，还是要对这些规则和技巧有所了解和掌握的。

维度四：人脉需求

网店对接的是产品供应商与客户，网店承担了两者之间的中介功能。一般来说，人脉并非开网店的必要条件。

但供应商方面人脉足，可以确保自己拿到更加便宜的商品，无疑可以让自己的获利更为丰厚；若能有帮助向顾客宣传的人脉，也可以增加网店的人气和销量。

维度五：特殊需求

销售技巧、网络服务技巧、网店装修与营销技巧等，都会对自己产品的销售产生一定影响。同时，网店的商品排序是有一定规则的，这需要经营者仔细地研究与设计。

2. 做好网店的关键因素

进入网店行列的门槛很低，但竞争较为激烈。影响进入网店项目的因素包括如图9-2所示的几项。

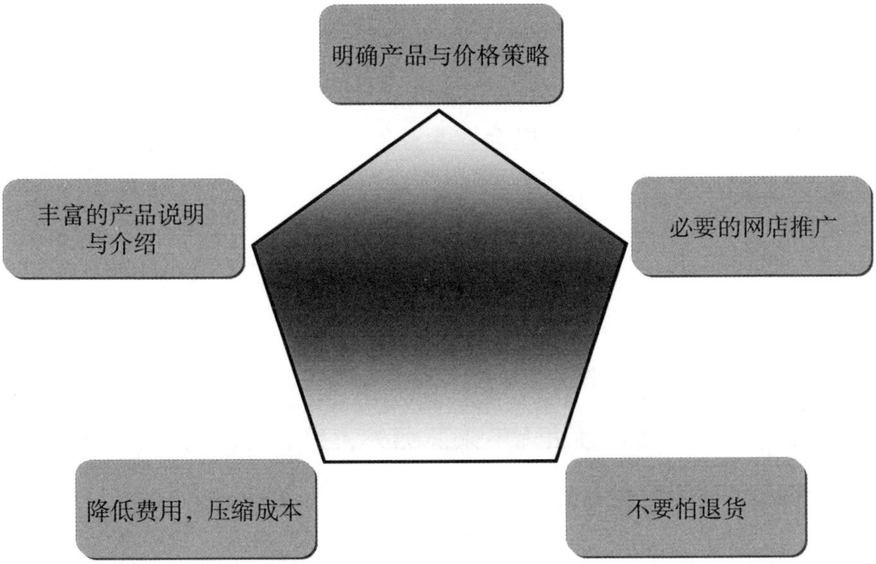

图9-2　做好网店的关键因素

第一，明确产品与价格策略。

目标客户群是谁，是经营网店前需要考虑清楚的一个问题。针对你的目标客户群，才能制订明确的产品与价格策略。比如有的网店主打高端精英路线，卖的商品比较高端，价格也比较高；有的网店主打性价比路线，卖一些质量优良、价格相对较为划算的产品；有的网店主打低端低价路线，通过廉价来拉动销售。

第二，丰富的产品说明与介绍。

网店销售，并不是将商品上架即可。销售者购买一件产品的决策过程中，势必需要更多的信息，从更多的维度选择所需的商品。因此，越是详细的产品介绍，越能获得消费者的青睐。

除了尽可能详细地介绍产品外，还需更多的图片。若能拍摄一些短视频介绍产品，效果可能会更好一些。

第三，必要的网店推广。

网店的推广包括两类：其一为网商平台自带的一些推广活动，其二为网店经营者自己策划的推广活动。一般来说，网商平台自带的推广活动能参加都要尽量参加，特别是一些公益活动（如需要捐出部分销售收入）更要积极参加，这也是提升商品排序的机会。至于个人策划的推广活动，则需根据个人实际情况开展，能开展的要尽可能多地开展。

第四，降低费用，压缩成本。

销售收入与利润不同。降低费用、控制采购成本，就等同于增加了利润，而且是在不增加销售收入的前提下增加利润。其中，物流费用占据了销售的较多成本，一定要想办法降下来。另外，只要自己网店的销量达到一定程度，就可以要求快递公司降低物流费用。

第五，不要怕退货。

退货是开网店面临的一件非常痛苦的事。出现退货，不仅意味着自己的销售归零，还意味着物流费用的损失。但是，退货问题解决不好，受损的是自己的声誉，如被客户投诉，损失更大。

3. 网店项目核心的操作环节

网店项目的操作核心在于网店的开设，之后再逐步完善即可。

目前，个人能够开设网店的平台包括淘宝、微店、拼多多等，其基本的开店流程和要求大同小异。下面以拼多多为例进行介绍。

进入拼多多主页后，点击【商家入驻】即可进入商家入驻页面，如图9-3所示。

图9-3　拼多多商家入驻界面

对于新手来说，入驻平台流程和资质要求是必须要明确的。先来看一下拼多多的入驻流程，如图9-4所示。

图9-4　拼多多入驻流程

从图9-4中可以看出，在拼多多商家入驻页面给出了详细的入驻流程，大致分为四个步骤，包括准备资料、入驻申请、提交审核以及开店成功等。其中，在准备资料页面，给出不同店铺类型需要准备的资质，特别是一些药品、图书音像、特种设备等类别商品，对经营资质都有特殊的要求，若经营这些特殊商品，还需要特种经营许可证。在开店前，要事先准备好相关门类商品所需准备的材料。

在入驻申请步骤，拼多多给出了平台具体的要求条款。当所有资料满足平台要求后，系统会自动审核或人工审核。几个工作日后，审核通过，就可以开店了。

当然，个人店铺与企业店铺的资质要求还是有些不同的。相对而言，个人店铺的要求相对较低，个人店铺的资质要求如图9-5所示。

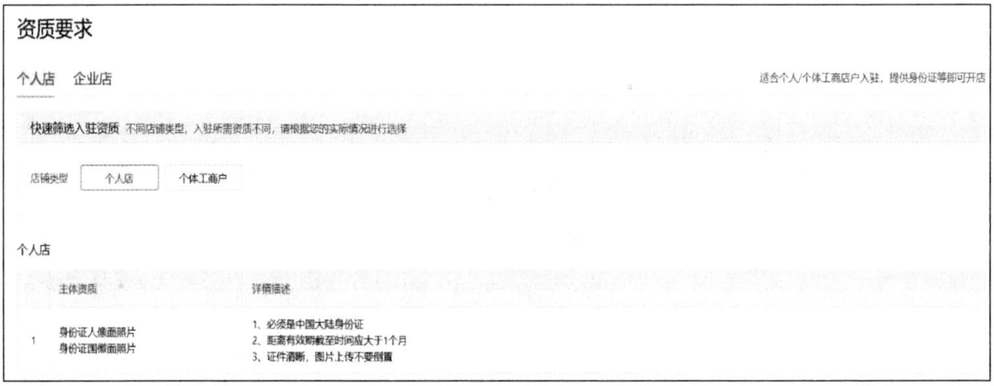

图9-5 个人店铺资质要求

二、分享育儿心得

育儿心得，是全职宝妈们最擅长的一个领域，同时，也是即将或想要成为宝妈的人最想了解的信息。很多女生在有了宝宝后，与别人聊天最大的一个变化，就是话题总是自然而然地被带入到与宝宝有关的话题上。从这一点儿上来看，分享育儿心得是很多宝妈们先天具备的能力，因此，将这一技能变现是所有副业中最为容易的。

当然，若你只对某个人或几个人分享育儿心得，或者在朋友圈发布自己的心得，还不足以称得上“副业”，毕竟这无法换来收入。若将这些育儿心得放到自媒体、相关网站、公众号，就可能换来一定的收入。若能因此成为“大V”，也许还可以通过出版自己的育儿图书换钱。

琳琳原是一家公司的行政主管，2020年结婚后，2021年顺利生下一个小公主。为了更好地照顾孩子，加之疫情的影响，在与老公商量后，她做出了一个非常重要的决定：辞职。

自此以后，她成了一个全职妈妈。平时工作期间就经常写点儿东西，不是为了发表，仅仅当作自己的一个爱好和兴趣。有了孩子后，也常常将自己的一些想法、心得写出来发到朋友圈。

一年后，孩子渐渐长大，她也有了一点儿自己的时间。同时，考虑房贷的压力全在老公身上，她非常不忍心，就想找点儿兼职，一来可以充实自己，将来重入职场也会更加容易；二来还可以赚点儿小钱，补贴家用。

她把自己的想法与朋友交流后，很多朋友劝她：她的文笔不错，写的育儿类的文字也比较吸引人，特别是一些新手妈妈更是喜欢看，还不如在网上多分享育儿心得来挣钱。

她觉得这是一个不错的主意，于是在网上注册了多个自媒体账号，并重新注册了微信公众号。总之，就是多渠道来分发自己的育儿心得，让自己的东西传播力更强一些。

刚开始的时候，阅读量和转载量都非常低，有段时间她都感觉自己快坚持不下去了。好在她的几个朋友一直在旁边鼓励她，给她打气，熬过了最难熬的一段时间后，她分享的育儿心得的阅读量开始快速上升，收益也随之增加。当粉丝量超过一定门槛后，她可以通过在自己的文章中投放广告来增加收益。

后来，她的收入慢慢地增加了，甚至还超过了上班时的收入。

这就是典型的以分享育儿心得为副业的案例。其实，不仅仅是分享育儿心得这种方式，宝妈们也可以分享育儿的视频，自己处理工作与生活关系等话题也可以成为分享的内容。

这类兼职非常适合宝妈们操作，因为她们是亲身实践者，大家也相信她们是最有话语权的。

1. 项目评估及适用人群

分享育儿心得项目可以作为很多全职宝妈们的兼职选择，不仅可以获得一定的收入，还可以兼顾孩子与家庭。当然，具体是否适合干这个行业，还要从以下五个维度进行分析，如图9-6所示。

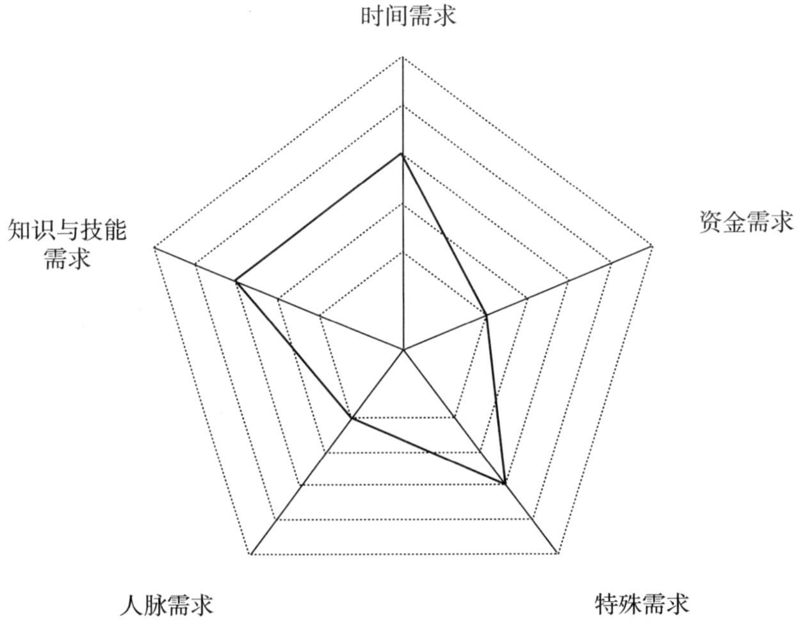

图9-6　五个维度评估分享育儿心得项目

从整体上来看，分享育儿心得的工作要求和限制是比较少的，属于进入门槛较低的类型，对于有育儿经验的人来说，是一个非常合适的项目。从项目需求情况来看，分享育儿心得项目有以下几个特点。

维度一：时间需求

分享育儿心得需要占用一定的时间。宝妈们需要利用照顾宝宝的间歇时间创作文字、音频或视频，这都是需要时间的。

维度二：资金需求

分享育儿心得项目几乎不需要任何资金投入。

维度三：知识与技能需求

从本质上来说，这仍是一种用知识换钱的任务，因而对知识与技能的要求还是有一些的。想要通过这种方式赚钱的人，至少需要具备这样几种能力：其一，具有较佳的文字写作与组织能力；其二，具有一定的媒体传播知识能力，能够通过多种方式和渠道传播自己的东西。

维度四：人脉需求

一般来说，分享育儿心得项目对人脉没有什么需求。但若自己的人脉较广，还是或多或少能够起到一定助力作用的。

维度五：特殊需求

一般来说，承担这些任务并没有多少特殊的需求。不过，要想让自己的收入更多，肯定需要一番额外的努力。比如，通过一些技巧让自己的文章或视频传播力度更大，让自己的文章获得更多的转载量和阅读量等。

2. 进入分享育儿心得领域的关键因素

进入分享育儿心得的行列，其实竞争也比较激烈。很多全职宝妈都喜欢写作和创作，都可能会想到这种途径。总之，影响进入分享育儿心得项目的因素包括如图9-7所示的几项。

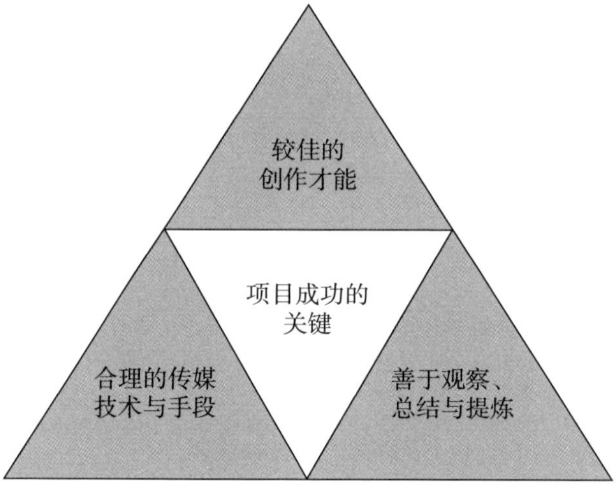

图9-7　进入分享育儿心得领域的关键因素

第一，较佳的创作才能。

无论是写作育儿类文章，还是拍摄育儿类视频，都需要具备一定的创作才能。毕竟写文章或拍视频本身并不是目的，让自己的东西得到别人的认可才是最重要的，这就需要较佳的创作能力。

第二，善于观察、总结与提炼。

分享育儿心得，肯定需要与日常的育儿实践相结合。其实，这并不要求你分享的内容有多么高深或多么深刻，但要确保与实际生活密切相关，这也是全职宝妈们最大的竞争优势。毕竟大家要想学习理论知识，只需找来几本书读读就可以了，根本没有必要去看这些文章或视频。

第三，合理的传媒技术和手段。

分享育儿心得，势必需要借助各类传播媒介，如抖音、快手等自媒体；微信公众号、头条号、百家号等。当然，还有一些专门的母婴平台，如宝宝树、妈妈网、妈妈帮等。选择何种媒介，是选择一种还是多种媒介，这都需要提前规划。

3. 分享育儿心得项目核心的操作环节

分享育儿心得项目的核心操作环节包括以下几项。

第一，科学的内容规划。

能够吸引人的内容，是引发传播的基础。在规划内容时，更多的还是要考虑受众的需求。比如，育儿过程中遇到的一些棘手问题，是很多宝妈关心的焦点；从职场退出并全职投身于家庭，这种改变背后的心理变化；与家人关系的重置；孩子上学后，辅导孩子所遇到的补课、课外阅读、学习问题等。

第二，极具吸引力的标题。

内容好是基础，但起一个极具吸引力的标题同样重要。再好的内容，没人知道也不行。一个极具吸引力的标题就是吸引阅读的保证。一般来说，紧随热点的标题、让人感到震惊的标题等，往往更容易让人点开阅读。

第三，选择合适的分发平台。

目前，自媒体传播途径很多，诸如文字类的传播平台、短视频类传播平台等。到底是选择其中一个平台还是多个平台，也是一个需要考量的问题。通常来说，若没有与平台签订独家协议，多家平台同步散发是一个不错的选择。

三、分销育儿产品

分销育儿产品，是通过朋友圈分享一些自己使用过的质量或性能较好的产品，并借以获得佣金的一种销售方式。本质上来说，这也是一种微商。

相对其他副业形式来说，分销育儿产品是比较简单的，只需要动动手指即可完成。若自己的朋友圈足够庞大，带来的收入也是不错的。

自从成了一位宝妈后，小王的生活可以用“买、买、买”来概括，婴幼儿配方奶粉、婴儿服装、玩具、辅食、药品等。买东西不光花了很多钱，最主要的是由于缺少经验，还买了很多没用的东西。

和几个闺蜜聊天时，很多人都有同感，并且建议她在自己的朋友圈多分享一些自己用得比较好的育儿产品，这样大家也就不用走冤枉路了。小王觉得这是一个不错的主意。

经过深入了解后，她发现这还是一个可以“生财”的路子。于是，她结合自己的使用体验，在朋友圈转发了几个育儿产品的链接。

没想到大家很给面子，分享的几个育儿产品都有人购买，这也意味着她分享的这几种产品都能获得收入，这给了她极大的信心。之后，她每天研究对比各类育儿产品的性能，并结合自己的使用体验，转发一些产品的链接，这些事情成了她主要的工作内容。

虽然没有挣太多钱，但还是可以弥补一下自己买东西的花费的。

这就是典型的以分销育儿产品为副业的案例。其实，宝妈们不仅有分销育儿产品一种副业方式，还可以分享育儿的视频。自己处理工作与生活关系等话题，也可以成为分享的内容。

这类兼职非常适合宝妈们操作，因为她们是亲身实践者，大家也相信她们是最有话语权的。

1. 项目评估及适用人群

分销育儿产品项目可以作为很多全职宝妈们的兼职选择，这个项目进入门槛低，还可以兼顾孩子与家庭。当然，具体是否适合干这个行业，还要从以下五个维度进行分析，如图9-8所示。

从整体上来看，分销育儿产品的工作要求和限制比较少，属于进入门槛

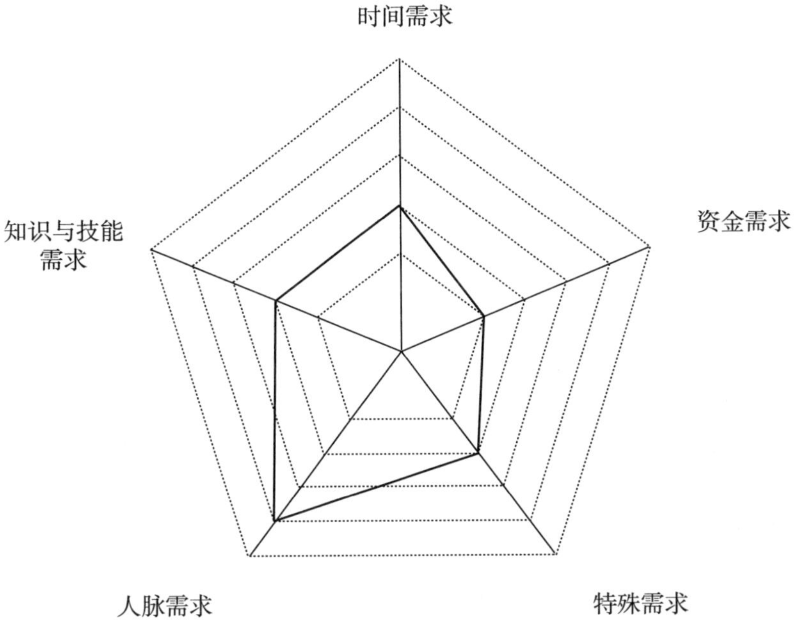

图9-8　五个维度评估分销育儿产品项目

较低的类型，对于有育儿经验的人来说，是一个非常合适的项目。从项目需求情况来看，分销育儿产品项目有以下几个特点。

维度一：时间需求

分销育儿产品需要占用一定的时间。从理论上来说，分销育儿产品直接转发商品链接就可以，但这样很难获得别人的认同，也很难赚到钱。因此，宝妈们仍需要利用照顾宝宝的间歇时间，对要转发的商品链接进行文字、音频或视频创作，这也是需要时间的。当然，有时只需简单的几句话，或个人的一点使用感觉。

维度二：资金需求

分销育儿产品项目几乎不需要任何资金投入。

维度三：知识与技能需求

从本质上来说，这仍是一种用体验换钱的项目。不过，在文字的润色方面也是需要下一番功夫的，有时还需要挂上一些小视频，这都是能够扩大销量的方法。

维度四：人脉需求

人脉是通过朋友圈等社交媒体分销育儿产品的核心要素。没有强大的人脉，朋友圈的朋友不够多，社交媒体的粉丝量不够大，分销商品是很难上量的。

维度五：特殊需求

一般来说，承担这些任务并没有多少特殊的需求。不过，要想让自己的收入更多，肯定需要一番额外的努力，比如，通过一些技巧，让自己转发的商品链接传播力度更大。

2. 进入分销育儿产品领域的关键因素

进入分销育儿产品的行列，其实竞争也比较激烈。由于进入门槛较低，很多宝妈都曾经尝试，但常常有始无终，没过多久就不了了之了。总之，影响进入分销育儿产品项目成功的因素包括如图9-9所示的几项。

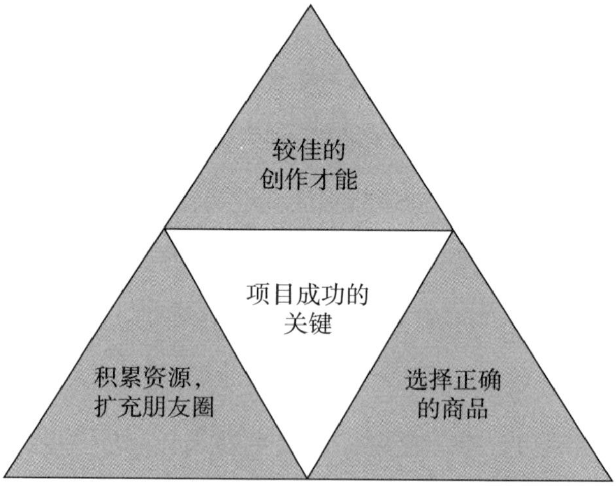

图9-9 进入分销育儿产品领域的关键因素

第一，较佳的创作才能。

很少有人能通过单独转发一个商品链接赚到钱。因此，在转发链接的同时，都需要进行一定的加工与创造。最好能够结合自身的体验，突出商品某一特殊的优势，这样才能让别人“信服”。

第二，选择正确的商品。

并不是转发的商品链接越多，自己赚到的钱就越多，而是别人购买的东西越多，才能获得更多的收入。因此，精心挑选一些对别人有用的商品，并结合自己的使用体验创作文字和视频，才能获得别人的认同。

目前育儿产品种类繁多，价格不一。有些产品的价格较高，可能会让人望而却步；有些较为廉价，但质量相对较差。在选择产品和转发商品链接时，尽量选择那些性价比高、品质略高但又不是很贵的产品，往往更能获得积极的响应。

第三，积累资源，扩充朋友圈。

网上分销产品，实质上就是一种“粉丝经济”，销量的多少与粉丝量的多少密切相关。因此，积极扩充朋友圈，不断地争取让自己朋友圈的粉丝再度转发商品链接，这样，自己的事业版图就能不断地扩大了。

3. 分销育儿产品项目核心的操作环节

分销育儿产品项目的核心操作环节包括以下几项。

第一，选择合适的分发平台。

目前可以通过各类社交媒体转发商品链接，只要有人购买商品，就可以获得一定的佣金，比如在微信朋友圈转发、在抖音直播号转发等。

第二，选择正规的商品来源。

很多大的电商包括母婴用品电商，都可以提供商品链接，比如，当当、京东、淘宝等。关于如何转发链接，前面已经介绍过了，这里不再重复。不过，这里有一点儿需要特别注意，尽量不要通过中介转发商品链接。有些中介机构宣传转发商品链接不仅可以赚佣金，还可以获得较高的推广费、提成等，甚至只要转发链接，有没有销量都可以获得佣金，其实，这些机构很可能存在传销的嫌疑，这是做商品分销最应该防范的一个陷阱。

一般来说，大家用最简单的逻辑就可以识别这些陷阱：商家赚钱的方式肯定是要销售商品，你转发的商品链接若没有转化成销量，商家是不可能提供佣金的。

四、兼职代管孩子

照管孩子、送孩子上学与放学，都需要花费家长大量的时间，但很多家长由于要上班，所以没有时间。全职宝妈则可以利用自己接送或照顾孩子的便利，顺便帮别的父母照看一下孩子，也就是类似于一个小托管的模式，同时收取少量费用。

相对其他副业形式来说，兼职托管孩子还是比较简单的，只要有几个家长愿意加入即可。

小李自结婚生子后，就做了一名全职宝妈。宝宝满三周岁后，尽管小李多有不舍，还是将其送到了幼儿园。

在送孩子的路上，遇到几个小区内的邻居，他们正在为送孩子而烦恼。幼儿园放学时间过早，与家长下班时间有一定的时间差。这段时间孩子怎么带，让他们很发愁。他们提出了一个设想，让小李帮他们带孩子，也就是每天由小李帮忙接一下，在小李家待两个小时左右，等他们下班后再将孩子接回自己家。

小李想了想觉得可行，毕竟幼儿园就在小区附近，自己多接两个孩子也不会有安全问题，于是，便答应了这几位家长。

此后，小李就成了这几个孩子的兼职“保姆”，每天放学后，将这几个孩子带回家，她再组织这几个孩子一起玩玩游戏，看看书。代管孩子让她感觉充实了很多，还获得了一些额外的酬劳。

这就是典型的以兼职代管孩子为副业的案例。可以作为兼职的工作，还包括诸如小饭桌（提供午饭或晚餐）等服务形式。

这类兼职比较适合宝妈们操作，在照顾自己孩子的同时，也可以获得一部分收入。

1. 项目评估及适用人群

兼职代管孩子项目可以作为很多全职宝妈的兼职选择，从事该兼职不仅可以获得一定的收入，还可以照顾孩子与家庭。当然，具体是否适合干这个行业，还要从以下五个维度进行分析，如图9-10所示。

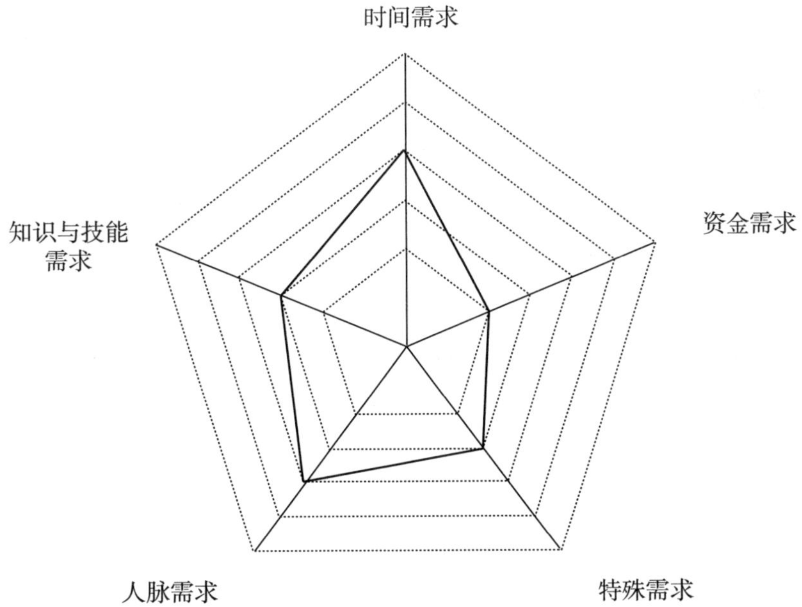

图9-10　五个维度评估兼职代管孩子项目

从整体上来看，兼职代管孩子的工作要求和限制比较少，属于进入门槛较低的类型，对于有育儿经验的人来说，是一个非常合适的项目。从项目需求情况来看，兼职代管孩子项目有以下几个特点。

维度一：时间需求

兼职代管孩子需要占用一定的时间，实质上也是在用自己的时间换其他家长的时间。至少自幼儿园放学到家长接走的这段时间，是需要全身心付出的。

维度二：资金需求

兼职代管孩子项目几乎不需要任何资金投入。

维度三：知识与技能需求

该项目在知识与技能方面并没有特殊的要求。一般来说，要想把这个项目持续进行下去，在代管或托管期间，需要看护或辅导孩子完成家庭作业或学习任务。

维度四：人脉需求

兼职代管孩子尽管不需要太多的人脉，但在本小区内还是应该有一些人脉的。

维度五：特殊需求

该项目可以说没有多少特殊需求，但也可以说有一个最核心的特殊需求，即对孩子要拥有爱心。

2. 进入兼职代管孩子领域的关键因素

进入兼职代管孩子的行列相对较为容易，但只能作为权宜之计，很难拓展壮大，毕竟精力有限。影响进入兼职代管孩子项目的因素包括如图9-11所示的几项。

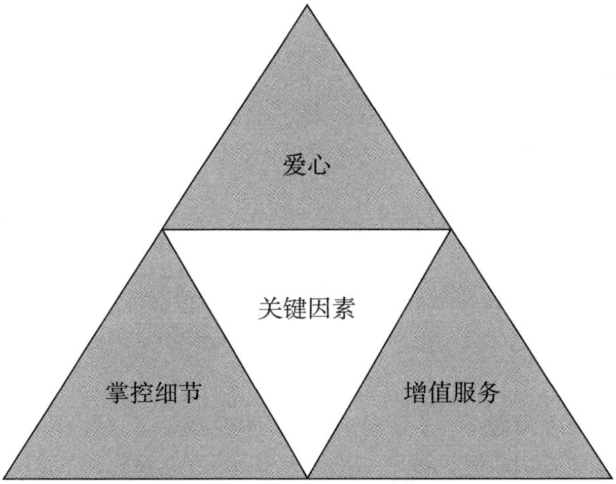

图 9-11　进入兼职代管孩子领域的关键因素

第一，拥有一颗对孩子的爱心。

兼职代管孩子，要拥有并保持一颗爱心，只有这样，才能与孩子形成良好的互动和沟通。孩子喜欢和你在一起，这样家长才会继续要求提供类似的服务。

第二，增值服务。

代管或托管孩子的时间大致从一个小时到两个小时不等。这段时间的安排，也是能够让这个项目持续下去的关键。安排孩子完成家庭作业、课外阅读还是游戏，都需要进行一定的规划和设计，最好了解一下家长的想法。

第三，掌控细节。

兼职代管孩子项目做起来不难，做好却很难。与孩子打交道，需要处理的细节非常多，这都需要你注意与管控。这些细节包括但不限于以下几项。

第一，针对孩子身体的细节。照管孩子过程中，必须保证孩子不能受伤，也不能因自己管控不善导致孩子受热、受凉等。

第二，在托管孩子期间，各类游戏项目、阅读项目的安排，以及是否安排餐饮、安排何种餐饮等，都需要通盘规划。

第三，注意与家长的沟通方式与策略，及时将发现的孩子的问题反馈给各个家长。

3. 兼职代管孩子项目核心的操作环节

每个孩子的背后承载的是一个家庭，安全是绝对不能疏忽的。每天接孩子时，应该注意以下几点。

第一，提前到达学校门口，防止孩子过早出门。最好能够与学校或幼儿园老师提前打好招呼。

第二，若学校学生较多，接孩子的家长也很多。为了让孩子看清楚自己，最好设计一个醒目的标识，如举个小牌牌等。

第三，从学校返回时，务必清点人数，不要遗漏；同时，还要排成一列队伍前进。这样做一方面有利于保护孩子们的安全，另一方面也可以培养孩子的规则意识和秩序感。

五、手工艺品赚钱

对于喜欢做手工的宝妈来说，利用带宝宝的间隙做各类手工赚钱，也是一个不错的选择。做手工的人通常需要先购买一些材料，如丝线、珠子等，然后再销售自己手工完成的工艺品来获得报酬。

小李本身就有一个爱好，即喜欢做手工。以前上班时，她也经常利用休息时间绣一些十字绣，不仅家里挂了很多她自己的作品，她还送了几件给亲戚朋友。

家里添了一个宝宝后，为了更多地照顾孩子，小李选择了做全职宝妈，这也让她有了更多的时间做十字绣。她完成一件作品后，有时候会挂到网上去卖。当然，也有一些朋友介绍来的客户找她定做十字绣。

这样，在带宝宝期间，小李的“副业”开展得也是有声有色，不仅有了更多陪宝宝的时间，也让自己获得了不少额外的收入。

十字绣是一种典型的手工艺品，一般来说一个人就可以完成。相对并不复杂的手工艺品包括手工刺绣、手工剪纸、藤编、手工布鞋等。至于到底开展何种手工项目，还要因人而异。

1. 项目评估及适用人群

做手工艺品项目可以作为很多全职宝妈们的兼职选择，不仅可以获得一定的收入，还可以照顾孩子与家庭。当然，具体是否适合干这个行业，还要从以下五个维度进行分析，如图9-12所示。

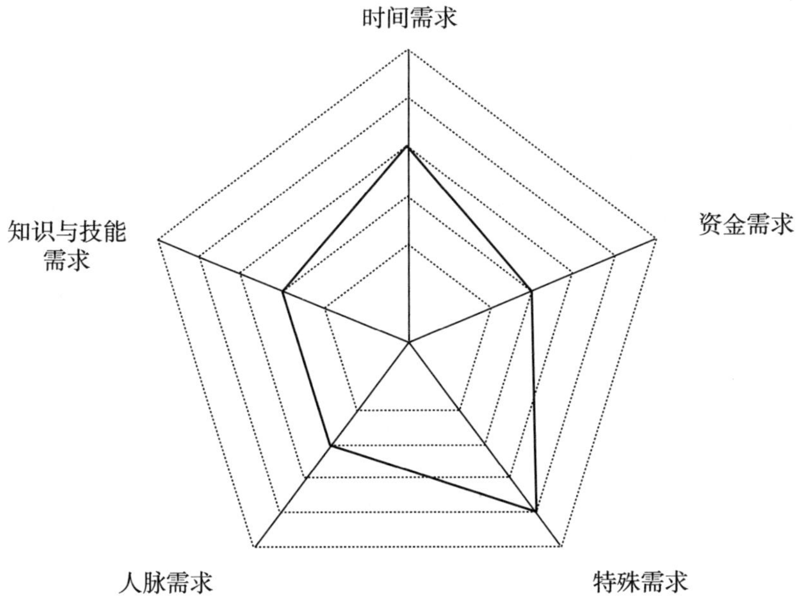

图9-12　五个维度评估做手工艺品项目

从整体上来看，做手工艺品的工作要求和限制还是比较少的，但对个人要求还是有一些的。从项目需求情况来看，做手工艺品项目有以下几个特点。

维度一：时间需求

做手工艺品需要占用一定的时间。做手工艺品需要利用照顾宝宝之外一切可以利用的时间。每件手工艺品的制作都需要大把的时间和较多的精力，这也是投入最大的一项成本。

维度二：资金需求

做手工艺品项目，一般前期需要购置一些原料或简单的工具，这需要一点儿资金，但不太多。

维度三：知识与技能需求

该项目在知识与技能方面并没有特殊的要求。但若具备一定的美术功底、艺术鉴赏能力，则无疑更好。

维度四：人脉需求

做手工艺品没有人脉也可以开展，但若有一些人脉无疑更加有利。

维度五：特殊需求

这是有较高特殊需求的项目。无论从事何种手工艺品，都需要具有相当的技巧或手艺。让别人愿意花钱来买，肯定手艺要过关。手艺的好坏，是关系整个项目能否运作下去的关键。

2. 进入做手工艺品领域的关键因素

进入做手工艺品的行列，是一个需要很大耐心和恒心的项目。影响进入做手工艺品项目的因素包括如图9-13所示的几项。

第一，精湛的技艺。

做手工艺品，实质上是利用自己的技艺赚钱，因此，精湛的技艺就是这

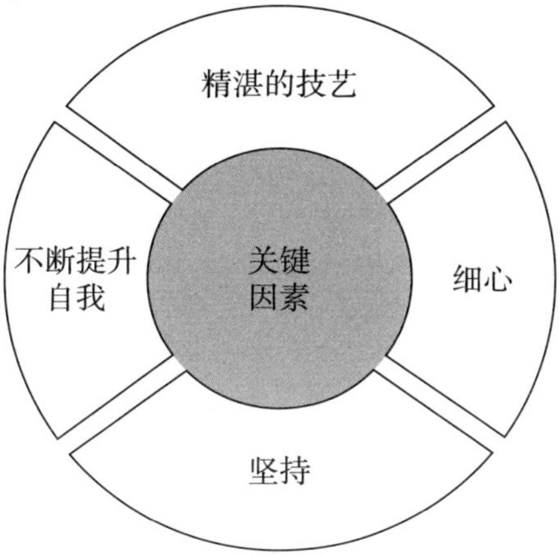

图9–13 进入做手工艺品领域的关键因素

个项目能够坚持下去的关键。没有精湛的手艺，则很难在竞争中取胜，让客户选择自己的作品。

第二，细心。

手工艺品本身也是一种艺术品，对细节有着近乎严苛的要求。另外，在完成手工艺品的过程中，需要花费大量的时间，这就需要从事该工作的人时刻保持细心，不能出现任何差错。

第三，坚持。

从事手工艺品制作，通常每天都需要花费很长的时间来完成工作，且整个过程比较简单、枯燥，很少有人愿意长期坚持。比如一件刺绣品，就需要数天或数月的时间才能完成，没有足够的毅力是很难坚持下来的。

第四，不断提升自我。

没有人喜欢千篇一律的东西，艺术品更是如此。从事手工艺品制作的人，要不断地学习与提升自我，不断在款式、花样等方面推陈出新。

3. 做手工艺品项目核心的操作环节

做手工艺品项目的核心操作环节包括以下几项。

第一，正确认识这个项目的难度。

制作手工艺品是看起来容易做起来难。一是质量要求较高，毕竟这是要销售的工艺品；二是长久地坚持下去非常困难，特别是很多人初期很难打开局面。若自己做的东西没有别人认可，坚持下去就更加困难了。

第二，选择合适的项目。

手工艺品的类别很多，选项目时，需要综合考虑自己的特长、兴趣以及发展潜力等因素。

第三，选择合适的平台。

目前，市场上有很多针对手工艺品加工与回收的平台。这些平台不仅可以发布任务，还能提供所需的原料，最后还能回收成品。当然，其中有些平台存在骗局，即通过售卖原料来骗钱，这是大家要警惕的一种情况。在选择合作方时，一定要擦亮眼睛，决不能上当受骗。

第十章

大学生兼职：学习与挣钱两不误

一些在校大学生及职场白领，在选择副业项目时往往不愿意从事重体力工作。因此，在选择兼职岗位时，一些“动口不动手”的工作更容易获得欢迎。

对于在校大学生，也可以选择一些兼职服务员或促销员的工作，一方面可以赚钱补贴上学的支出，另一方面也可以增加社会阅历。城市白领，特别是一些口才好的，可以做一些兼职主持类的工作。

一、兼职伴郎伴娘：光鲜靓丽的赚钱方法

随着新人对婚礼越来越重视，兼职伴郎伴娘行业悄然诞生。兼职伴郎伴娘对婚礼的程序很熟悉，也可以很好地活跃婚礼现场氛围，提升婚礼档次。

目前，充当兼职伴郎伴娘的人，以在校大学生居多，刚刚参加工作的职场新人也有一些。

小李是一所大学的在校学生，在一次参加高中同学婚礼时，给这个同学充当了一次伴娘。通过这次婚礼，她还认识了专门策划婚庆典礼的负责人。这个负责人询问小李，有没有兴趣做个兼职的伴娘。

原来婚庆公司为一些婚礼策划婚庆典礼时，有些客户还会提出需要提供伴娘的服务。

对于做兼职伴娘，小李还是有些疑虑的，毕竟有些婚礼现场可能需要喝酒，这让她心有疑虑。婚礼策划机构负责人向她保证，他们公司提供的伴郎伴娘服务是可以要求避免喝酒的，这才让小李打消了疑虑。

后来，小李心情忐忑地做了一次兼职伴娘，但整体感觉不错，不仅赚到了一笔外快（500元），还收获了很多的乐趣。

于是，小李就正式进入了兼职伴郎伴娘市场。

这就是典型的以兼职伴郎伴娘为副业的案例。兼职伴郎伴娘，就是兼职在婚礼现场充当伴郎伴娘的人。通常来说，多为与新娘新郎有密切关系的人，如同学、朋友、同事等。近些年来，由于结婚新人越来越追求完美，对婚礼和伴郎伴娘的要求也越来越高，这就催生了伴郎伴娘这个新的行业。

目前，从实际需求来看，对伴娘的需求远远多于伴郎。从事兼职伴娘工作的，也多为在校大学生。

1. 项目评估及适用人群

兼职伴郎伴娘项目可以作为很多在校大学生的兼职选择，不仅收入相对丰厚，而且还比较自由。当然，具体是否适合干这个行业，还要从以下五个维度进行分析，如图10-1所示。

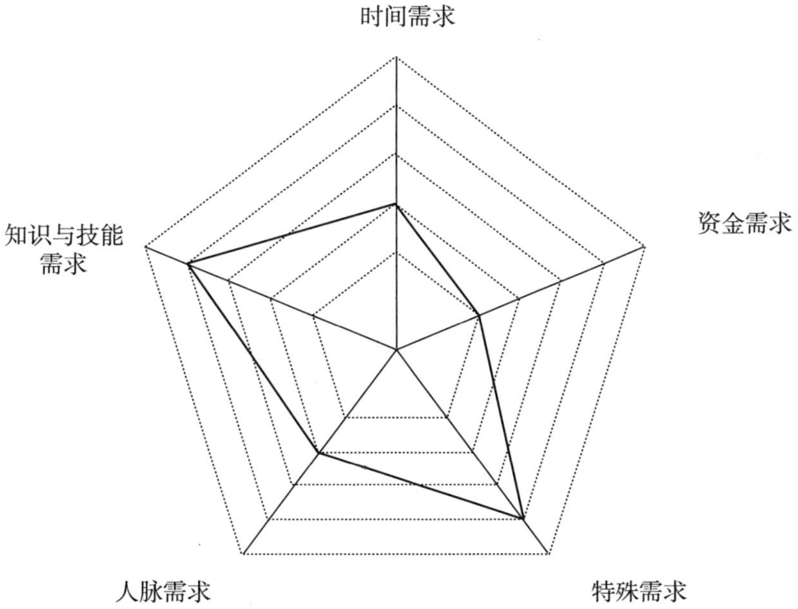

图10-1　五个维度评估兼职伴郎伴娘项目

从整体上来看，兼职伴郎伴娘的工作要求和限制还是比较多的。兼职伴郎伴娘项目有以下几个特点。

维度一：时间需求

兼职伴郎伴娘需要占用一定的时间，不过，相对其他兼职项目，兼职伴郎伴娘所需占用的时间并不算多。一个庆典仪式少则十几分钟，多则两三个小时，并不会特别长。当然，这是庆典现场所需的时间。

维度二：资金需求

兼职伴郎伴娘项目几乎不需要任何资金投入。至于需要用钱的地方，则由庆典需求方或者婚庆礼仪公司支付即可。

维度三：知识与技能需求

总体上来看，这是一个对知识与技能没有什么要求的职业。不过，从事这一兼职的人，还是应具备较强的沟通能力和一定的临场应变能力。

维度四：人脉需求

一般来说，兼职伴郎伴娘项目对人脉是没有什么需求的。但若自己的人脉较广，还是或多或少能够起到一定的助力作用。

维度五：特殊需求

从某种意义上来说，这确实是一个看脸吃饭的行业，兼职伴郎伴娘对身高、长相等都有一定的要求。当然，这也不说女生越漂亮、男生越帅就越能接到更多的订单。从以往的经验来看，确实也不是这样。俗话说，红花配绿叶。伴郎伴娘所做的就是绿叶，有哪个红花希望绿叶比红花风头还盛呢！

2. 兼职伴郎伴娘成功的关键因素

进入兼职伴郎伴娘的行列是非常不容易的，要想做好更不容易。影响兼职伴郎伴娘项目的成功因素包括如图10-2所示的几项。

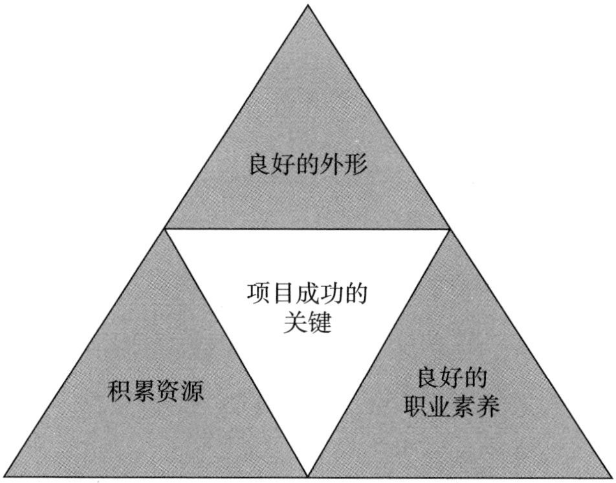

图10-2 兼职伴郎伴娘成功的关键因素

第一，良好的外形。

不可否认，这是一个靠脸吃饭的行当。一般来说，客户要求提供伴郎伴娘服务时，需要相关服务机构提供伴郎伴娘人员的资料档案，包括身高、体重、相片等资料。只有客户满意，才能成功接单。

在这个行业中，良好的外形是实实在在的加分项。

第二，良好的职业素养。

既然从事兼职伴郎伴娘工作，就应该按照职业化标准来要求自己。通常来说，在婚礼现场充当伴郎伴娘的人，肯定会收到一定数量的“红包”。除非客户允许，否则，兼职伴郎伴娘不能擅自将“红包”收入自己口袋。毕竟充当伴郎伴娘，人家客户是付了酬劳的。

第三，积累资源。

兼职伴郎伴娘在所有兼职中都是一个不错的职业，花费的时间较少，而获得酬劳比较高。但是，这个行业毕竟属于小众行业，还处于培育期，因此，市场需求较为有限。想要经常接到这类兼职工作，就必须不断地积累客户资源，特别是与婚庆服务机构搞好关系。

3. 兼职伴郎伴娘项目核心的操作环节

兼职伴郎伴娘是一个看起来非常光鲜，又不需要进行多种准备的一项工作，但要想做好，以下几个细节需要特别注意。

第一，选择规范的合作对象。

目前能够提供较多兼职伴郎伴娘机会的，多是一些婚庆公司或者兼职伴郎伴娘服务平台。不过，这些服务机构的规范程度和诚信情况，都是合作前需要了解的。只有信誉较好的平台，才能成为自己的合作对象。在合作过程中，最好能够签订一个服务机构、兼职伴郎伴娘、客户的三方协议，明确各方的责任、义务与权利等。

第二，事先界定服务范畴及特殊情况的处理。

婚礼现场可能会遇到各类突发的情况，甚至有婚闹以及让伴郎伴娘喝酒等情况，这都需要在订立服务合同前明确。同时，对一些可能出现的突发情况，也要设定应急处理预案。

第三，朝着职业化方向发展。

兼职伴郎伴娘行业之所以能够存在，是因客户认为这些兼职的伴郎伴娘比较专业，无论是外形、谈吐还是临场应变能力都要强一些。因此，若想将这份兼职做好，还是需要做一些准备工作的，包括参加一些培训、学习相关课程等。

二、兼职促销：临时性的就业岗位

每到节假日，很多大型商场就会开启一系列的促销活动。举办这些促销活动，需要较多的工作人员。当这些商场或商家的工作人员无法满足需要时，就会选择招聘一些临时工作人员，其中以促销、导购人员需求最多。

小王是一所大学的在校生，每到节假日和寒暑假期间都会选择打些零工，一方面可以补贴生活费用，不用再向父母要钱；另一方面，还可以锻炼自己的能力。

相对而言，她最喜欢做的职业是节假日短期促销员。每到五一、十一期间，各大商场都会到学校招聘临时促销员，这种促销员岗位的工作时间稍长，但报酬相对来说也是不错的。另外，这种促销员岗位的报酬是按日结算的，不用担心出现拖欠的情况。

当然，由于越来越多的学生开始加入促销员岗位的竞争之中，每次报名做促销员，还要进行一些面试。总之，这个岗位如今不再像以前那样那么容易获得了。不过，由于小王已经有了较为丰富的促销经验，因此，这些面试对她而言已经基本没有什么难度了。

这就是典型的以兼职促销为副业的案例。兼职促销的需求场所主要为各大商场，具体需求方可能是商场，也可能是各大品牌方。促销的商品也是五花八门，如家用电器、日用品、食品、保健品等。

虽然这类兼职的临时性促销员面对社会招聘，但相对来说，在校大学生在这一兼职岗位中表现得更为踊跃。

1. 项目评估及适用人群

兼职促销项目可以作为很多在校大学生的兼职选择，不仅收入相对丰厚，而且还可以锻炼和提升自己的沟通能力。当然，具体是否适合干这个行业，还要从以下五个维度进行分析，如图10-3所示。

从整体上来看，兼职促销的工作要求和限制比较少，属于进入门槛较低的岗位。兼职促销项目有以下几个特点。

维度一：时间需求

兼职促销需要占用一定的时间，而且基本上都是按时间获取酬劳的。因

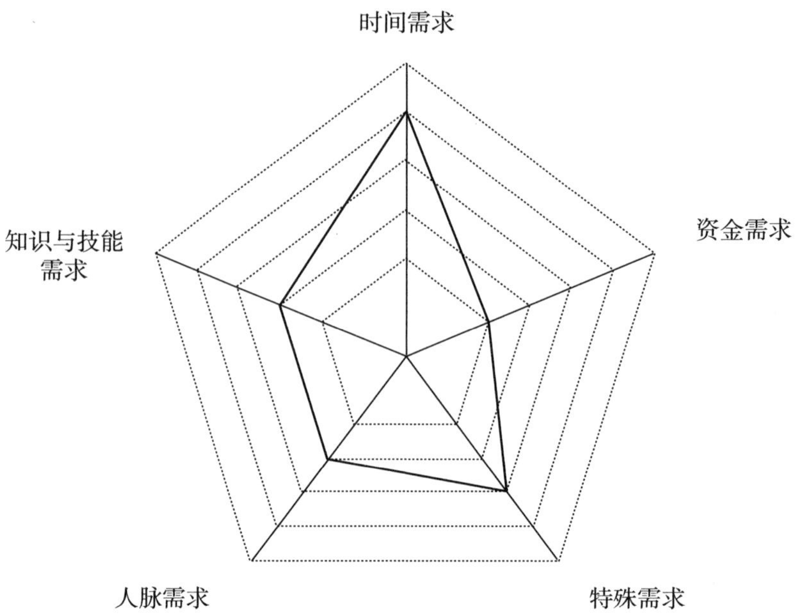

图10-3　五个维度评估兼职促销项目

此，从劳动时间和强度上来看，都是比较大的。

维度二：资金需求

兼职促销项目几乎不需要任何资金投入。当然，有些兼职中介机构也可能会收取一定的费用。对于这一点儿要擦亮眼睛，谨防被骗。

维度三：知识与技能需求

总体上来看，这是一个对知识与技能要求并不高的职业，但仍需要具备一定的沟通能力、交际能力。毕竟这是一个以提升商品销量为核心目标的职业，没有良好的沟通技能和交际能力，是很难将这个工作做好的。

维度四：人脉需求

一般来说，兼职促销项目对人脉没有什么需求，但若自己的人脉较广，还是或多或少能够起到一定助力作用的。

维度五：特殊需求

促销员是以提升相关商品销量为核心的岗位，因此，商品销售技能与技巧就是该岗位需要掌握的最核心的技能。在促销过程中，若能明显提升商品的销量，那么，一方面肯定自己会更受商场或品牌商欢迎，另一方面，也会为自己将来的全职工作提供助力。

2. 进入兼职促销领域的关键因素

进入兼职促销行列的门槛很低，但竞争较为激烈。影响进入兼职促销项目的因素包括如图10-4所示的几项。

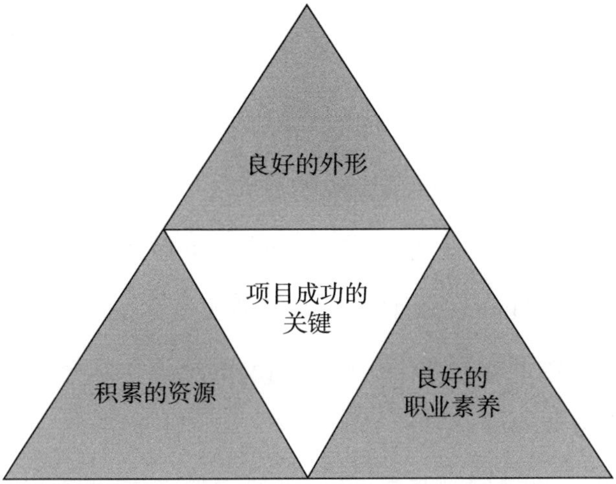

图10-4　进入兼职促销领域的关键因素

第一，良好的外形。

不可否认，这也是一个需要靠脸吃饭的行当。兼职促销员是需要面对客户的一个岗位，因此，较佳的外在形象气质势必会给企业加分。正因如此，很多企业在选择促销员时，会对外形上有所要求。

第二，良好的职业素养。

既然从事兼职促销工作，就应该按照职业化标准来要求自己。通常来说，在促销现场充当促销员的人，不仅需要展现良好的职业素养，还要具有较佳的交际能力和良好的口才，能够熟悉促销商品的特性以及优势等。

第三，资源积累。

在所有兼职中，兼职促销行业都是一个不错的行业。不过，由于进入该行业的门槛较低，竞争也较为激烈。为了能够持续获得较多的兼职机会，平时需要多积累一些资源，包括各类人际关系资源、促销类课程资源等。

3. 兼职促销项目核心的操作环节

兼职促销是一个需要面对激烈竞争的岗位，要想做好，以下几个细节需要特别注意。

第一，选择规范的中介平台。

目前，有很多提供兼职岗位的中介平台。想要获得兼职促销员岗位的人，多数也要从这些平台上获得职位信息。不过，这种中介的可靠程度是需要重点考虑的因素。目前，兼职信息网站和针对大学生的兼职信息网站很多，有些中介平台可能存在欺骗行为或者多收佣金的可能。因此，在寻找兼职机会时，可以多咨询有过兼职经验的朋友的意见，选择可靠的平台。

第二，以积极的态度面对自己的工作。

积极的态度是做好促销员工作的关键。很多新进入兼职促销员队伍的人，都缺乏相应的经验，但这并不是做不好工作的理由。大家可能都没有多少经验，但可以学习，可以用积极乐观的态度面对顾客。同时，多向有经验的促销员学习，多观察有经验的促销员是如何接待顾客的，也是成长的必经之路。

第三，做足准备功课。

在进入促销岗位之前，要对促销的内容、促销的商品有所了解。尽管这些商场、品牌商也可能会提供一些专门的培训，但能够掌握多少促销知识和销售技巧还要看自己。既然要做这份兼职并想要长期来做，就要把相关知识烂熟于胸。同时，还要多方面涉猎相关知识，做一个“有心”人。

三、兼职服务员：副业也可以是一种锻炼

很多餐饮机构会在旺季提供一些临时性服务岗位，比如兼职服务员。这些临时性服务员不属于餐饮机构的正式员工，有时工作时间也较具有弹性，可以根据个人情况适当安排，因此，这些岗位十分受在校大学生欢迎。比如，肯德基、麦当劳等知名餐饮机构，就常常招聘兼职服务员。

陈琳是北京一所大学的大二学生，由于大学里课程并不紧张，很多同学都会参加各类社会实践活动。在肯德基招聘兼职服务生时，她也报名了。陈琳也是本着增加一些社会实践经验的目的申请兼职岗位的，经过面试选拔，她很顺利地就入职了。

入职后，她发现这个兼职服务员工作非常适合自己。一方面，工作时间比较有弹性，可以自由安排，只要每周达到一定的工作时数，就可以按小时数领取报酬了。另一方面，这家国际连锁餐饮机构还能提供相应的培训，这对自己的成长是大有好处的。

工作一段时间后，她还通过竞聘成为肯德基一家店铺的见习店长，这样她不仅获得了一定的兼职报酬，还增加了很多社会阅历与经验。

后来，她又推荐很多同学来报名应聘这类兼职服务员岗位。

这就是典型的以兼职服务员为副业的案例。兼职服务员的需求场所主要为各餐饮机构或商场。虽然这类兼职的临时服务员也对社会招聘，但相对来说，在校大学生表现得更为踊跃。

1. 项目评估及适用人群

兼职服务员项目可以作为很多在校大学生的兼职选择，不仅收入相对丰厚，而且还可以锻炼和提升自己的沟通协调能力。当然，具体是否适合干这个行业，还要从以下五个维度进行分析，如图10-5所示。

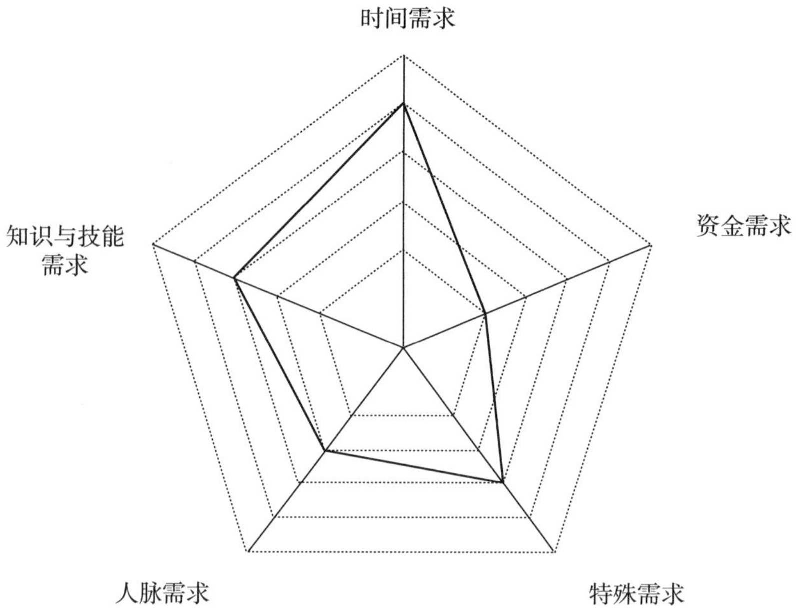

图10-5　五个维度评估兼职服务员项目

从整体上来看，兼职服务员的工作要求和限制比较少，属于进入门槛较低的岗位。兼职服务员项目有以下几个特点。

维度一：时间需求

兼职服务员需要占用一定的时间，而且基本上都是按工作时间获取酬劳的。从劳动时间和劳动强度上来看，付出的劳动都是比较大的。若只能在寒暑假兼职，则只能应聘寒暑假的短期工；若能将每日的课余时间以及周末休息时间拿出来做兼职，就可以应聘长期的兼职服务员岗位。

维度二：资金需求

兼职服务员项目几乎不需要任何的资金投入。

维度三：知识与技能需求

总体上来看，这是一个对知识和技能要求并不高的职业。但往往越是工作环境相对较好的企业，越是知名的餐饮机构，对知识和技能要求也就越高的。比如，良好的沟通能力和交际能力，都是从事服务性工作的基础。

维度四：人脉需求

一般来说，兼职服务员项目对人脉没有什么需求，但若自己的人脉较广，还是或多或少能够起到一定助力作用的。同时，若有人能够帮忙直接推荐进入肯德基、麦当劳等大型连锁企业，当然是最好的选项。

维度五：特殊需求

服务员是具有一定程序、规程的服务性岗位，因此，服务技能与技巧、理解业务规范的能力都是必须具备的，这一点儿在面试过程中肯定会有明确要求或提及。若是管理与组织能力较强，还可能让自己在这类兼职工作中“更上一层楼”。

2. 进入兼职服务员领域的关键因素

进入兼职服务员的行列，竞争较为激烈，特别是一些知名餐饮机构的兼职岗位。当然，一些普通餐厅或餐饮店可能也会招聘一些服务员，只是这些机构所需要的服务员多数为全职，不适合做兼职。总之，影响进入兼职服务员项目的因素包括如图10-6所示的几项。

第一，良好的外形。

服务员也是一个对外形有要求的岗位，良好的形象气质可以成为自己的加分项。尤其是一些知名餐饮机构，其招聘兼职服务员对外在形象都会有一定的要求。

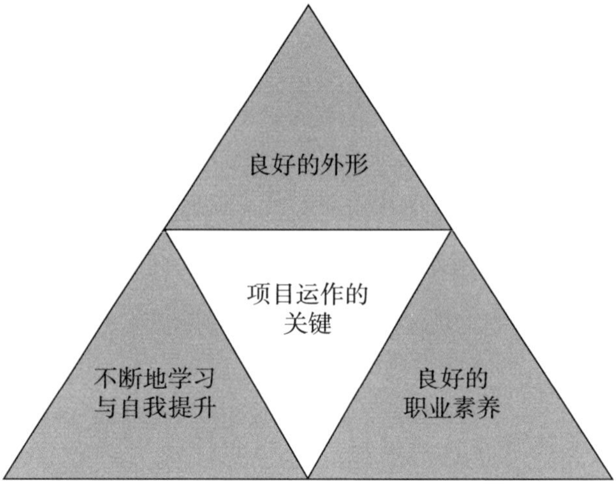

图10-6　进入兼职服务员领域的关键因素

第二，良好的职业素养。

既然从事兼职服务员工作，就应该按照职业化标准来要求自己。工作中不仅对顾客要始终保持良好的态度，还要能够对客户提出的各类问题给出圆满的解答。同时，一些知名餐饮机构都会制定规范的服务流程，要求服务员能够很好地执行。

第三，不断地学习与自我提升。

兼职服务员，对于很多在校大学生来说不仅可以获得相应的报酬，最重要的是能够获得相应的社会经验。积累社会经验对在校大学生来说是更为重要的需求，这就决定了在校大学生在选择兼职服务员的工作时，应该将工作环境，尤其是企业的管理规范化程度看得更为重要一些，毕竟学习与自我提升是比获得报酬更为重要的一件事。

3. 兼职服务员项目核心的操作环节

兼职服务员，特别是知名的餐饮机构的兼职服务员，是一个需要面对激烈竞争的岗位。想做好兼职服务员，以下几个细节需要特别注意。

第一，收集相关的面试问题，有备无患。

决定到某一家餐饮机构面试前，可以从网上或学长那里收集相关的面试问题，准备好应答的策略。这里有一点需要特别注意：面试的是兼职服务员岗位，因而兼职时间的安排是最重要的。面试前，先要了解招聘岗位对工作时间的要求，并根据个人的时间情况决定要不要去竞争这个岗位。

其实，对于兼职服务员岗位来说，时间安排是最重要的，这也是很多知名餐饮机构在面试环节最为关注的一个问题。

第二，以积极态度面对自己的兼职工作。

积极的态度是做好服务员工作的关键。很多新进入兼职服务员队伍的人，都缺乏相应的经验，但这并不是做不好兼职工作的理由。大家可能都没有多少经验，但可以学习，可以用积极乐观的态度面对顾客。同时，多向有经验的服务员学习，多观察有经验的服务员是如何接待顾客的，也是一个成长的过程。

第三，严格执行相关的服务流程与规范。

知名餐饮机构都会有各自的服务流程与规范，进入这些餐饮机构兼职的服务员，首先要学习这部分内容。对于服务新人来说，熟读这些服务流程与规范并严格执行，是自己入职后要经历的第一关，也是最重要的一关。

四、兼职任务：艺术类学生更易发挥特长

对于很多在校大学生来说，家教是相对轻松且报酬较高的兼职形式。但需要注意的是，在“双减”政策发布后，关于学科类培训，只有拿到教师资格证，具备教师资质的人，才能提供家教服务。

对于一些特殊专业的大学生来说，在校期间仍然可以从事一些专业的兼

职工作。比如美术特长生、音乐特长生等，仍然可以在一些培训机构担任兼职老师，或者上门为一些有特殊需求的学生提供培训服务。

一些身怀绝技的在校大学生，也可以通过承接一些小型任务作为兼职，以获得相应的收入。比如IT专业的学生，就可以通过承揽一些小程序开发来赚钱等。

小燕是一名音乐学院的学生。从她上初中开始，家里就有意识地将其往音乐的道路上培养，特别是在钢琴方面投入了较多的精力和金钱。

顺利考上音乐学院，小燕在实现自己多年的愿望后，也不得不面临另外一个问题，即家里为了她能够考上音乐学院，已经欠下了很多外债。这也就意味着她进入大学后，不得不通过做一些兼职来补贴家里。

进入学校后，她发现很多师兄师姐都在外面跑兼职。原来，最近几年，越来越多的家长开始重视孩子的素质教育，音乐、美术等非学科类培训激增。

小燕也觉得这类兼职确实是一个非常好的机会：一方面可以巩固自己的音乐知识；另一方面还能获得不菲的收入。

一个学期下来，小燕不仅没有从家里要钱，还能给家里补贴一点儿。

这就是典型的以兼职任务为副业的案例。兼职任务的需求方多为学生家长以及有小程序开发需求的个人或组织。

尽管初入职场的人也可以从事这类工作，但相对来说，还是在校大学生表现得更为踊跃。

1. 项目评估及适用人群

兼职任务项目可以作为很多在校大学生的兼职选择，不仅收入相对丰厚，还可以锻炼和提升自己的沟通协调能力。当然，具体是否适合干这个行业，还要从以下五个维度进行分析，如图10-7所示。

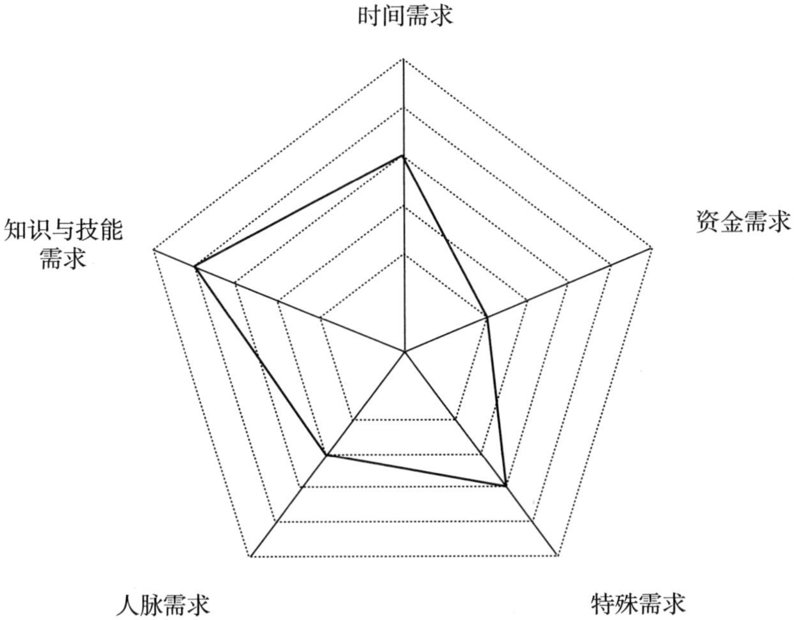

图10-7　五个维度评估兼职任务项目

从整体上来看，兼职任务的工作要求和限制比较少，属于进入门槛较低的岗位。兼职任务项目有以下几个特点。

维度一：时间需求

兼职任务需要占用一定的时间，而且基本上都是按时间获取酬劳的。一般来说，以艺术特长类培训为代表的兼职任务所需的时间是可以自行安排的，具有一定的灵活度。多数任务并不需要长时间地连续工作，这样也比较适合在校大学生。

维度二：资金需求

兼职任务项目几乎不需要任何的资金投入。

维度三：知识与技能需求

从本质上来说，这仍是一种用技术或知识赚钱的项目，因此，对知识与技能的要求还是比较高的。特别是一些专业领域的知识，更要非常熟悉。其实，无论是艺术特长类培训市场，还是IT类的开发项目，竞争者都比较多，只有知识与技能过硬，才能稳定、持久地获得兼职机会。

维度四：人脉需求

一般来说，兼职项目对人脉没有什么特别的需求。但若自己的人脉较广，还是或多或少能够起到一定助力作用的。

维度五：特殊需求

一般来说，承担这些任务并没有多少特殊的需求，只是完成特定任务可能需要一定的设备或工具，这是需要个人准备的。比如承接IT服务类项目任务，就需要有电脑等。

2. 进入兼职任务领域的关键因素

进入兼职任务的行列，竞争较为激烈。总之，影响进入兼职任务项目的因素包括如图10-8所示的几项。

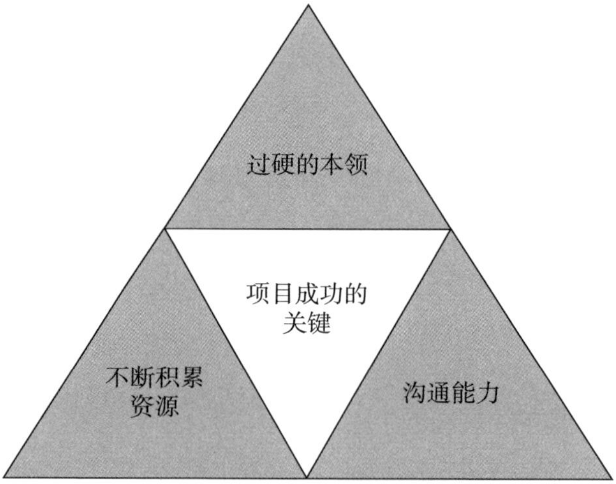

图10-8　进入兼职任务领域的关键因素

第一，过硬的本领。

无论是从事艺术特长类培训工作，还是承接一些小项目，客户（家长）能够找到你，肯定是因为你的专业知识比较丰富，能够胜任这一工作。因此，要想将这一工作做好，首先必须确保自身拥有过硬的本领。这并不要求你各方面全部都很优秀，但至少在提供服务的这个细分领域应该具有较强的优势。

第二，沟通能力。

沟通能力是一个基本的能力要求，在与客户（家长）交流的过程中，若沟通能力不佳，也会对项目的成败产生重要影响。没有形成良好的沟通，也就不能准确地把握客户的要求或期待，工作成果也会很难让客户满意。

第三，不断积累资源。

校园中，各类兼职机会其实都是一种稀缺的资源。要想获得更多、更优质的兼职项目，就需要积累各方面资源，包括学校内的老师、同学、学长学姐方面的资源，也包括社会方面的资源，如学生家长方面的资源、项目方的资源等。

3. 兼职任务项目核心的操作环节

兼职任务，或者艺术特长类培训，也是一个需要面对激烈竞争的岗位。想要做好兼职任务，以下几个细节需要特别注意。

第一，寻找工作目标。

艺术特长类培训以及针对大学生发布的各类任务信息，一般会在专门的信息网站上公布，也有一些信息会直接挂到相关的大学论坛上。因此，多浏览一些相关网站和论坛，往往可以及时获得相关信息。

不过，针对网站上的一些信息，也要能够去伪存真。毕竟网上有很多骗子，因此，一定要仔细核实这类信息。

第二，体现自己的专业能力。

无论是在电话互动（面试）环节，还是后面的工作（包括艺术特长类培训或其他任务），都需要处处体现自己的专业水准，而且一定要让雇方感受到自己的“专业”，这是竞争成功的关键。

第三，守时守约。

在艺术特长类培训或完成具体的任务中，守时守约都是最基本的要求，也是最重要的一条要求。这类兼职工作不能无故迟到，也不能拖延完成任务。

第十一章

聚沙成塔，小钱也是钱

其实，每个人的手机上本身就自带了可以赚钱的工具。比如，一些自媒体平台或购物平台为了吸引流量，会设置一些打卡签到领现金的活动，还可能安排一些玩游戏赚钱的活动等。当然，这里能获得的“报酬”都是非常少的，但“蚊子肉也是肉啊”，积少成多，聚沙成塔嘛！

在空闲的时间赚点小钱儿，何乐而不为。

一、签到挣钱

签个到就可以挣钱，这似乎是最简单也是最容易的赚钱方式。当然，赚的钱可能也是最少的，但关键是简单、便捷，只需简单地动动手指头就可以挣钱了。

一般来说，提供签到挣钱的网络平台主要包括两类：其一，以销售为目标的购物平台；其二，以引流为目标的自媒体平台。当然，无论是购物平台还是自媒体平台，设置打卡签到功能的目的，还是希望更多的人能够天天登录其平台，通过引流来实现相关的销售收入。

各个平台每日签到的奖励金额不等，但一般也就0.01元到0.5元之间，不会太高。偶尔为了激励你一下，可能会提升一下签到的奖励金额。当然，各个平台可能还会设置一些与签到相似的游戏环节，每天玩一下也可能会有一点儿收益。

1. 购物网站签到

购物网站签到，其要实现的目的就不仅是将你吸引到网站平台上，还希望你能购物。因此，在这些网站签到，不光能够获得一些现金奖励，可能还会获得一些优惠券等类似鼓励。比较有代表性的网站包括京东、拼多多、苏宁易购等。图11-1所示为京东金融APP小程序的签到界面。图11-2所示为每日头条APP小程序签到界面。

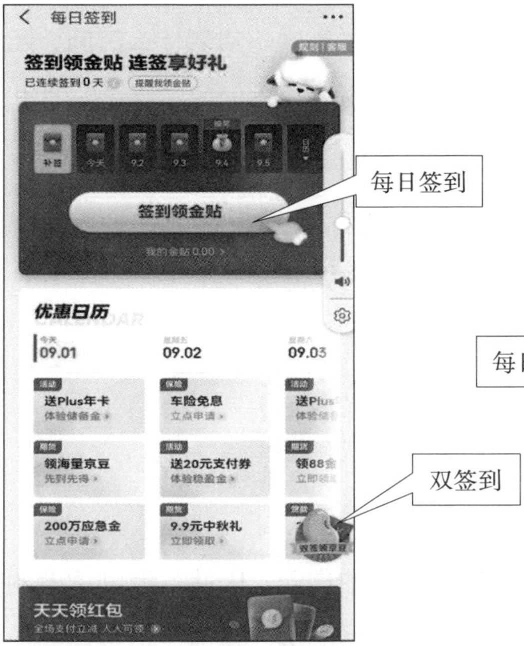

图11-1　京东金融APP签到

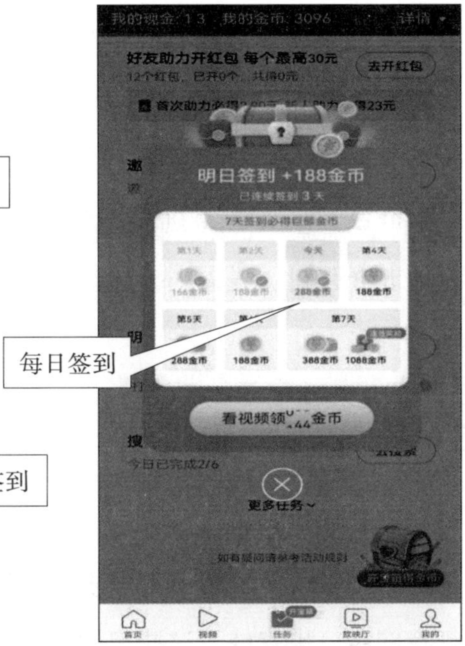

图11-2　每日头条签到

一般来说，连续多日签到还能获得额外的奖励。如图11-1所示，在京东金融APP页面，还可以看到下方有一个“双签领京东”的图标，也就是说，点击“签到”后再点击这个小金豆，可以领一份签到奖励。有时候，还会有一些优惠券的奖励，毕竟大家都需要在这类购物网站买东西，这些优惠券可能用得到。

2. 自媒体平台网站签到

自媒体签到挣钱的方式与购物网站相似，只是这些平台网站可能会提供一些看广告挣钱的方式，比较有代表性的包括抖音、头条、快手等。比如，在今日头条上，不仅签到可以获得金币，看广告也可以获得金币，每隔10分钟开一次宝箱也可以获得金币。

也就是说，在基本的签到之后，若再能看一段广告，就可以获得更多的奖励。比如图11-2中，在今日头条签到后，若再看一会儿视频，就可以获得更多的奖励。这些奖励虽然不多，但最主要的是基本不需要什么时间，随时随地拿手机来操作一下，就可以换两个零花钱。要是有时间，多看一点儿广告也能获得更多的收益。

在今日头条上，签到获得的金币，次日都会自动折算成现金。一般来说，当现金达到15元以上，就可以提现到自己的支付宝了。

二、刷短视频看广告

很多自媒体平台的盈利都来自广告商投放的广告，因此，鼓励读者刷短视频看广告，也就成了这些自媒体平台最喜欢做的事。目前，很多自媒体平台都有看广告给金币的活动，这些金币最终都可以兑换成现金。

当然，并不是你一天里不间断地刷广告，都能获得相同金额的奖励，奖励金额会随着看广告时间长度的增加而减少。最明智的选择并不是一直不断地看广告，而是多下载几个能看广告赚钱的APP，循环在各个APP上看广告。

总体上来说，刷视频广告能够获得的钱是很少的，在无聊的时候刷刷还可以。

三、阅读文章赚钱

在一些自媒体平台中，阅读文章也是可以赚钱的。只要阅读达到一定的时间，就可以获得相应的金币奖励，这些金币可以兑换成现金。当然，奖励的金额并不高。阅读本来就是一种消遣或学习，能换来一些收入，何乐而不为呢！

目前，阅读文章或看短视频能够获得收入的平台主要是一些以今日头条为代表的短视频平台，毕竟这类平台需要凝聚人气，所以才舍得花钱请人来阅读。

从理论上来说，阅读时间越长，获得的金币可能越多，但也存在边际效应递减的规律，即看的时间越长，每小时获得的金币反而越少。也就是说，想要一直阅读或者看短视频来累积收益，肯定是不明智的选择，还不如多看几个平台的东西。

总之，这也是一个无聊时打发时间获得收益的方式，并不能将其看成副业的收入形式。

四、做任务领钱

很多自媒体平台和购物平台，都推出过做任务或游戏领钱的活动。具体说来，这些任务或游戏大致可以分为以下几类。

第一，转盘抽奖。一般在每日签到打卡后，都能获得抽奖机会。抽奖可能获得的奖品包括金币、现金或优惠券等。一般来说，这类转盘抽奖能够抽到的奖金都非常少，与打卡签到差不多。

如图11-3所示，在京东APP上就有抽京豆的转盘。通过抽奖获得的京豆，可以在京东商城购物时替代现金使用。

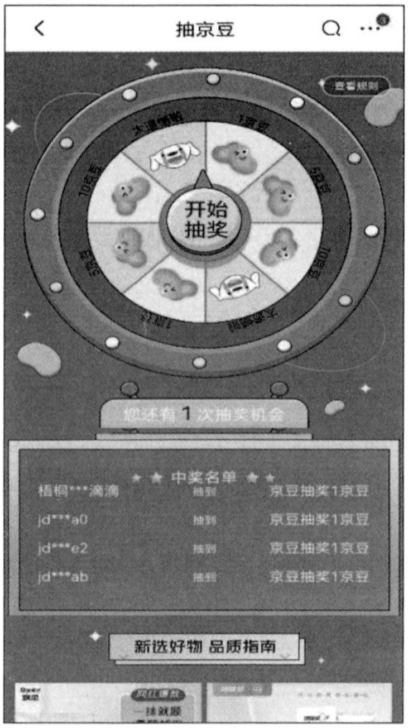

图11-3　京东转盘抽京豆

第二，完成任务领钱。各个平台设置的任务有所不同，但大致包括走路、吃饭、看小说、玩游戏、回答问题等。一般来说，完成一定的任务量，就可以获得一定数量的金币。

从图11-4中可以看出，在今日头条的【任务】界面列出了多项可以获得金币的任务，包括看视频、看小说、玩游戏、走路、吃饭、睡觉、答成语等。完成这些任务后，可以获得一定的金币奖励。

第三，拉人头领钱。这可能是赚钱相对较多的一种方式。相比签到或玩转盘挣的几分钱或几毛钱来说，拉人头可能会挣到几十元甚至几百元。当然，这个钱挣得也不那么容易，各个平台的玩法大同小异。

图11-5所示为拼多多筹码转盘。从任务奖励金额来看，拼多多是非常大

方的，感觉新手很容易就能够获得300元的现金，只需抽几次奖差不多就可以提现了。实质上，这是一个拉人头的游戏。其基本规则如下。

图11-4　今日头条【任务】界面

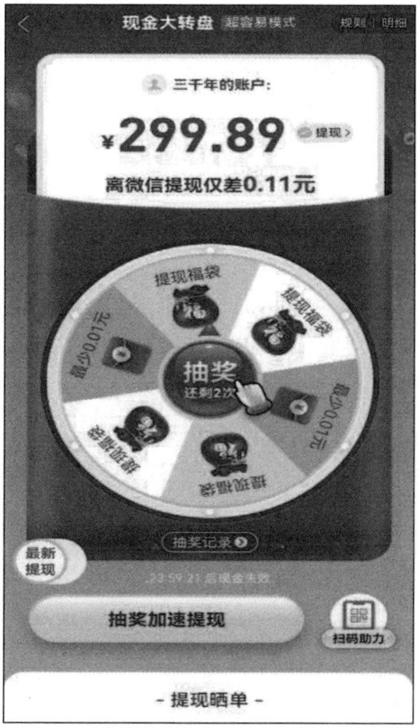

图11-5　拼多多抽奖页面

首先，可以让你通过转盘抽奖的方式来接近获得这笔现金奖励，比如要满300元提现时，可以让你抽奖抽到299元，甚至299.9元。

其次，告诉你还差一点儿就可以提现了。现在预计邀请一个好友就可以获得这笔现金了。但是，当你邀请一个好友后，再告诉你还需要再邀请一个好友，如此下去。

最终，要想拿到这笔奖励，至少要邀请几十个好友。当然，你的好友还必须是之前没有下载拼多多的，若是已经下载过拼多多，助力就更加有限了。

总之，这笔看起来比较诱人的奖励，想要拿到并不容易。为了拿到这笔奖金，很可能会透支你的朋友圈。

其他自媒体平台或购物平台推出的“好友互砍价”“朋友助力”任务与之类似，都是相同的套路。想要获得这笔看起来不少的现金奖励，肯定是要费一点儿力气的。